Introducción a la Magia

AMBER K

Introducción a la *Magia*

Guía práctica

EDICIONES OBELISCO

Si este libro le ha interesado y desea que le mantengamos informado de nuestras publicaciones, escríbanos indicándonos qué temas son de su interés (Astrología, Autoayuda, Ciencias Ocultas, Artes Marciales, Naturismo, Espiritualidad, Tradición…) y gustosamente le complaceremos.

Puede consultar nuestro catálogo en www.edicionesobelisco.com

Colección Magia y ocultismo
Introducción a la Magia
Amber K

1.ª edición: enero de 2014

Maquetación: *Montse Martín*
Corrección: *M.ª Jesús Rodríguez*
Diseño de cubierta: *Enrique Iborra*
Traducción: *Edgar Rojas* y *Rubiel Leiva*

© 1999, Amber K
(Reservados todos los derechos)
Publicado por acuerdo con Llewellyn Publications,
Woodbury, MN 55125, USA www.llewellyn.com
© 2014, Ediciones Obelisco S. L.
(Reservados los derechos para la presente edición)

Edita: Ediciones Obelisco S. L.
Pere IV, 78 (Edif. Pedro IV) 3.ª planta 5.ª puerta
08005 Barcelona-España
Tel. 93 309 85 25 - Fax 93 309 85 23
E-mail: info@edicionesobelisco.com

Paracas, 59 C1275AFA Buenos Aires - Argentina
Tel. (541 -14) 305 06 33 - Fax (541 -14) 304 78 20

ISBN: 978-84-15968-19-1
Depósito Legal: B-27.154-2013

Printed in Spain

Impreso en España en los talleres de Novoprint
c/ Energía, 53, St. Andreu de la Barca, 08740 Barcelona

¿Te has preguntado alguna vez qué es la magia?

No la magia de escenario, ni las ilusiones hábiles con palomas, conejos y pañuelos de colores, ni las rubias flexibles vestidas de lentejuelas que desaparecen de contenedores sellados…, sino la magia de las destrezas y los antiguos poderes de los practicantes que buscaban trasformarse ellos mismos y su mundo. Magia, cantada por brujos en círculo bajo la luna llena, o llevada a cabo por hechiceros vestidos solemnemente en ceremonias de encendido de velas o conjurada por un chamán desnudo en lo profundo de un bosque virgen lluvioso…

La magia, la verdadera magia, puede cambiar tu vida. Con su ayuda, puedes tener una salud vibrante, prosperidad o una nueva carrera profesional. Podrás mejorar las relaciones ya existentes o atraer unas nuevas a tu vida. Con la magia podrás llegar a lo más profundo de tu interior para encontrar lo que deseabas y que ya habías perdido la esperanza de tener algún día (confianza, valor o buen humor). Esto no es un milagro y tampoco es fácil, pero la magia funciona: puede funcionar para ti.

1

Tú y la magia

¿Por qué quieres hacer magia? Este libro es para ti si deseas: conocerte mejor a ti mismo, saber en qué dirección va tu vida, de manera que puedas guiar conscientemente tu propio destino, tomar decisiones inteligentes, resolver problemas difíciles, purificarte de la ignorancia, del miedo y el odio; curarte mental, emocional y físicamente, encontrar nueva fuerza, felicidad y habilidad interna, suplir todas las necesidades de la vida, protegerte del peligro, ayudar a otros cuando lo soliciten, ayudar a crear un mundo más amable y, por último, si deseas conseguir la realización espiritual y el gozo al compartir la esencia de la Divinidad.

Si, por el contrario, tu intención es utilizar la habilidad mágica para hacer daño a otro, o para controlar o manipular a alguien, entonces este libro no es para ti. Déjalo o regálalo para que no corras peligro alguno.

Si buscas las antiguas habilidades de los expertos con propósitos sólo éticos y benéficos y principalmente para tu propio crecimiento, entonces continúa leyéndolo.

¿Qué no es magia?

La magia (*magick*, en inglés) no es un arreglo de trucos o ilusiones de teatro. La «k» al final de la palabra sirve para distinguirla de la «magia» (*magic*) de los actos de clubes nocturnos. La magia no es para exhibirla.

La magia no es sobrenatural. Como señalan Janet y Stewart Farrar, prominentes brujos y profesores de hechicería irlandeses, «La magia no rompe las leyes de la naturaleza; cuando aparenta hacerlo, es porque está obedeciendo leyes que el observador no ha entendido todavía».

La magia no es el arte medieval de convocar «demonios» para hacer que se cumpla la propia voluntad. Aunque es posible establecer comunicación con seres en otros planos, es peligroso y nada ético tratar de forzarlos a servir.

La magia no se basa en un pacto con «el Demonio». La mayoría de los magos, incluidos los sacerdotes y sacerdotisas Wicca, no creen en Satán y con seguridad no tratarían con un ente como ése, si en realidad existiera.

La magia no es una buena forma de vengarse de los enemigos o de obligar a un examante a volver contigo. De hecho, no hay una «buena» forma de llevar a cabo cosas tan desagradables e inmaduras; pero los castigos por emplear mal la magia pueden ser peores que las consecuencias de estas acciones en el plano material.

La magia no está solamente al alcance de unos pocos individuos talentosos nacidos con dones especiales, sino que se puede aprender y dominar en un alto grado, siempre y cuando se tenga persistencia y autodisciplina.

La magia no se basa en herramientas rituales –amuletos, espadas mágicas, etc.–, a menos que éstas sean cargadas por un mago. La habilidad y el poder residen siempre en la persona, no en la herramienta.

La magia no siempre se evidencia con «efectos especiales» espectaculares en el plano material: entes extraños materializándose, lluvias de oro cayendo del cielo, puertas selladas explotando en dos, etc. Los efectos físicos dramáticos son posibles y ocurren ocasionalmente, pero la mayor parte de la magia apunta hacia un crecimiento interno, donde los resultados son más difíciles de ver, incluso la magia con fines en el plano material tiende a manifestarse en formas más o menos silenciosas, graduales y naturales.

La magia no es fácil de aprender o de practicar. No es un «arreglo instantáneo» para los problemas de la vida, ni un atajo para conseguir fama y riqueza. Es un conjunto de herramientas especializadas y bien diseñadas para el crecimiento interior y el desarrollo espiritual. Puede ser utilizada para propósitos corrientes, pero algunas veces es como tratar de golpear clavos con un destornillador. La magia se puede utilizar para brindar seguridad, riqueza o relaciones amorosas, pero no es un sustituto para el uso del cinturón de seguridad, para obtener un trabajo o para ser sensible a las necesidades de un amante. No importa para qué se utilice, la magia requiere trabajo arduo y disciplina.

¿Qué es magia?

Se necesita una definición de magia. Ya hemos descartado la del diccionario Webster: la magia como «el uso de medios (tales como encantos o hechizos) con la convicción de que tienen poderes sobrenaturales sobre las fuerzas de la naturaleza». Aquí se exponen otras definiciones dadas por algunos magos:

✳ «Magia es la ciencia del control de las fuerzas secretas de la naturaleza», S. L. MacGregor Mathers, Orden del Amanecer Dorado.

✳ «Magia es un conocimiento comprensivo de toda la naturaleza», Francis Barrett.

✳ «Magia es el arte y la ciencia de hacer que ocurran cambios a voluntad», Aleister Crowley.

✳ «Magia es el arte de efectuar cambios a conciencia y a voluntad», Wuliam Butler.

✳ «El trabajo de la magia incluye trasformación y la primera trasformación es el cambio de percepción», Marion Weinstein.

Podemos ver que la magia incluye el uso de fuerzas naturales para efectuar los cambios deseados, los cuales se dan con frecuencia en nuestras propias percepciones o conciencias. Pero, ¿cuál es el objetivo?

¿Para qué sirve la magia?

Stewart Farrar lo establece de esta forma: «El fin global de la magia es el desarrollo etapa-por-etapa del ser humano íntegro».

Según Weinstein, la magia puede ayudar a «tener toda tu vida en armonía mental, emocional, física, espiritual y psíquicamente… y ¿cuál es el propósito final del trabajo? Desarrollar el Yo en un nivel superior. Trasformar, elevar y desarrollar el Yo de manera tan completa que todo el universo pueda así beneficiarse».

William G. Gray, otro ocultista muy conocido, dice: «La magia es para crecer como niños de luz. Almas sensatas, sanas, saludables y felices, viviendo natural y normalmente en niveles de vida interior donde podamos ser personas *reales* en contraste con las pobres sombras propias que nos proyectamos unos a otros en la Tierra».

De esta manera, la magia existe para facilitar, guiar y estimular el cambio. Los Wicca podrían decir que éste es el trabajo de la Diosa interior: «Todo lo que Ella toca, cambia…».

Hasta donde sabemos, esto parece un proceso típicamente humano. Otras criaturas pueden cambiar sus ambientes, pero solamente los seres sensibles y autoconscientes pueden cambiarse a sí mismos. Quizás los cetáceos también lo intentan, algún día podremos explorar las sendas espirituales y las tradiciones mágicas de los delfines y las ballenas.

¿Cambiamos nosotros mismos? Pero ¿hacia qué? Hacia un rango de posibilidades más lleno, un espectro de espíritu más amplio. No cambiar a alguna otra cosa, sino a algo más. Primero aprendemos a conocernos y luego nos ampliamos, extendemos nuestros corazones, nuestras mentes y almas y exploramos y desarrollamos nuevos territorios en nuestro interior.

Somos parte de todo lo que eso es. Con la magia podemos experimentar la existencia desde la perspectiva de otras partes y saber que somos uno. Podemos experimentar unidad con la fuente inmanente.

Quizás éste es el objetivo de todas las sendas espirituales: reconectarse con la Fuente, tender un puente para llegar al hogar sobre el abismo de la ilusión, el cual nos hace sentirnos separados y solos.

Pero la búsqueda nos exige que cambiemos y la magia es una herramienta efectiva para ello. Lo que produce miedo es que no podemos saber en quién estamos cambiando hasta que experimentemos realmente el cambio. Para entonces, será demasiado tarde para llevar a cabo segundas consideraciones. No podemos dar marcha atrás, solamente podemos seguir cambiando o extinguirnos.

Debido a que abandonamos nuestros «Yo» anteriores, cualquier cambio es una «muerte pequeña». Escogerla, desearla y buscarla es un acto de increíble valor. La magia requiere osadía. Ésta produce la «muerte pequeña», la cual es parte del re-nacimiento. Ningún cambio es para estancarse y morir; pero sabemos que ofrecer gustosamente la vida es encontrar una vida mejor.

En la Carga de la Diosa, Ella dice: «Yo no exijo cumplir ningún sacrificio, yo soy la madre de todas las cosas y mi amor se derrama sobre toda la Tierra». En un nivel esto es cierto: sacrificar un cordero en un altar de piedra no lleva al crecimiento interior. A pesar de ello, en otro nivel se requiere el sacrificio –autosacrificio, el abandono del anterior Yo de la persona–. Éste es el significado del «Ahorcado» del Tarot Mayor Esotérico y del acto de Odín en mitología nórdica: «Me colgué del árbol nueve días y nueve noches, sacrificándome a mí mismo…».

Esta clase de sacrificio, la pérdida de lo aislado y del pequeño yo de la persona, parecen, de hecho, aterradores para la mente consciente que ignora el espíritu inmortal que lleva dentro. Sin embargo, a través de ello se recupera la pérdida de integridad del Yo Superior, que es todo nuestro, el Dios/a.

Hasta aquí nuestro enfoque se ha basado en aquella rama de la magia llamada *teúrgia,* o como P. E. I. Bonewits la define: «El uso de la magia para propósitos religiosos y/o psicoterapéuticos para lograr la "salvación" o la "evolución personal"». Aunque generalmente éste es el mejor y más alto uso de la magia, no ignoraremos la *taumaturgia:* «El uso de la magia para propósitos no religiosos; el arte y la ciencia de "hacer milagros"; utilizar la magia para cambiar las cosas en el plano terrestre».

Esta última categoría podría incluir la magia para curar psíquicamente; para viajar con seguridad; para obtener un empleo satisfactorio o una casa nueva; para purificar y bendecir el hogar o las propias herramientas; para atraer unos ingresos adecuados y, cosas por el estilo. Si todo ello se logra sin perjudicar a otros (buscar un empleo, en lugar de buscar el empleo de Pablo, por ejemplo), y la magia se realiza para complementar los esfuerzos en el plano material en vez de remplazarlos, entonces no hay nada malo en absoluto en la práctica de la taumaturgia.

2

Tu educación mágica

Es muy probable que ya estés recibiendo una guía en tus estudios de magia y este libro es simplemente un complemento a tu trabajo. Si es así, ¡perfecto! Sin embargo, tal vez estés trabajando solo y no tienes contacto alguno con profesores o con grupos de enseñanza. Por supuesto, es posible que puedas desarrollar un poco de habilidad en el uso de la magia, especialmente si eres cuidadoso, diligente y has tenido alguna experiencia en la vida pasada con las artes mágicas. Pero si trabajas con un profesor ético y experimentado y, especialmente, formas parte de un grupo, tu progreso será más rápido y seguro.

¿Cómo puedes encontrar a un profesor, suponiendo que, a pesar de todo, quieres continuar con la magia? Podrías comenzar con un ritual: pídele ayuda a tus deidades o guías espirituales, medita sobre las cualidades que buscas en un profesor y carga una piedra imán u otro talismán para atraer las cualidades apropiadas a tu vida.

Puntos de contacto

Actúa en concordancia con en el plano material para lograrlo. Aquí hay algunos puntos de contacto iniciales:

❊ *Spiritual Religious Networks (organizaciones espirituales y/o religiosas):* Para quienes estén interesados en Wicca, existe el Convenant of the Goddess, Box 1226, Berkeley, CA 94704, la cual puede remitirte a otras congregaciones en muchas áreas, incluyendo algunas fuera de Estados Unidos. Para los paganos existe The Pagan Spirit Alliance ᶜ/o Circle (Alianza o Círculo Espiritual Pagano), Box 219, Mt. Horeb, WI 53572 Estados Unidos. Y las mujeres paganas pueden escribir a Of a Like Mind (Mentes Parecidas) ᶜ/o R.C.G., Box 6021, Madison, WI 53716 Estados Unidos.

❊ *Suscripciones y periódicos:* Existen muchos dirigidos a los paganos y a otras tradiciones mágicas. En ellos se puede conseguir información sobre grupos o individuos en tu localidad, especialmente en los avisos clasificados de «persona a persona».

❊ *Festivales:* Durante el verano, en muchas regiones de Estados Unidos y en algunos otros países, los paganos se reúnen para compartir, integrarse, celebrar y aprender. La mayoría de estos eventos incluyen talleres donde participan instructores que exponen variedad de temas y realizan rituales, compra y venta de artículos orientados mágicamente, pabellones de trabajo y otros. La mayoría de las publicaciones paganas incluyen un calendario de eventos en el que se especifican los principales festivales. Aunque están diseñados principalmente para aquellas religiones orientadas hacia la naturaleza, la mayoría de los festivales están abiertos a la gente de otras sendas espirituales, siempre y cuando sean amigables y amables.

✳ *Librerías:* Muchas ciudades tienen librerías o tiendas de artículos, los cuales se pueden catalogar como «ocultos», «Nueva Era», o «espiritualidad alternativa». Allí se pueden contactar con organizaciones, talleres o individuos interesados en la materia.

✳ *Escuelas por correspondencia:* Existen muchos individuos y organizaciones que ofrecen instrucciones de magia, Wicca o espiritualidad de Diosa por correo. Aunque el aprendizaje por correo está lejos de ser lo ideal, puede ser un método muy útil para quienes viven en ciudades pequeñas o en áreas rurales donde no tienen ningún grupo cerca o para quienes no han encontrado instrucción en su localidad sobre un campo particular especializado.

La mayoría de profesores por correspondencia realizan un sincero esfuerzo, organizan sus programas cuidadosamente y siguen caminos éticos. Sólo unos pocos tienen defectos graves, por ejemplo, es fundamental evitar las escuelas que se anuncian como un medio de adquirir riqueza, amores y la dominación de otros. Algunas escuelas incluso emplean mal las palabras «Wicca» o «brujería», y enseñan hechizos, maldiciones y magia manipulativa en lugar de una senda espiritual o un sistema mágico ético.

Hay instructores que no tienen tantas fallas morales, pero enseñan información general disponible en los libros y en todas partes. En estos casos, estarás pagando por la accesibilidad del profesor al responder las preguntas ya escritas en libros. Si el profesor es sensible y erudito, el curso puede valer la pena, incluso si las lecciones impresas no son muy buenas.

Evaluación de los instructores

Existen muchas clases de profesores. Algunos son ignorantes, ambiciosos o corruptos. Otros son seres mágicos altamente evolucionados, llenos de sabiduría, amor y poder. La mayoría son personas comunes y corrientes, tienen los defectos normales de los seres humanos, pero se esfuerzan por enseñar lo que ellos saben.

¿Cómo puedes saber si vale o no la pena estudiar con un profesor? Comienza por liberarte de los prejuicios de edad, sexo, raza o modales. Gracias al condicionamiento de las novelas fantásticas, del cine y de la sociedad en general, la mayoría de nosotros tenemos como estereotipo de un adepto de la magia a un hombre viejo con una barba blanca flotante, una voz sonora y túnicas llenas de caracteres.

En realidad, los profesores mágicos competentes se presentan en ambos sexos y muchos colores, formas y tamaños. Ocasionalmente, son muy jóvenes en años, pero han recopilado mucho conocimiento y sabiduría de adeptos que vivieron antes. Sin embargo, deseo hacer hincapié en el gran número de mujeres que hoy en día son profesoras espirituales y mágicas en América, así como en otros continentes. Contamos con una gran mayoría en Wicca, por ejemplo, y nuestra herencia psíquica y mágica está floreciendo nuevamente después de siglos de supresión.

Debes buscar un profesor que:

✳ Plantee la magia desde una perspectiva ética y espiritual (posiblemente una sacerdotisa o sacerdote de una religión que encuentres compatible con tus propias creencias).
✳ Fomente el uso de la magia para curación y el propio conocimiento.
✳ Esté lleno de serenidad, regocijo y amor durante la mayor parte del tiempo.
✳ Permanezca atento a las necesidades y virtudes especiales de cada estudiante.
✳ Estime a cada estudiante, respetando su dignidad, valor y experiencia.
✳ Fomente las preguntas difíciles y la libre discusión.
✳ Insista en llevar a cabo ejercicios experimentales, en la práctica constante y en el perfeccionamiento de las habilidades y no quedarse simplemente en la teoría.
✳ Se integre libremente y comparta sus conocimientos con otros grupos y anime a los estudiantes a hacer lo mismo.

✳ Que tenga una gran cantidad de conocimientos y experiencia y pueda encaminar a los estudiantes en la búsqueda de otros recursos en campos diferentes a los de su técnica.

¿Existe cierta clase de profesores a los que hay que evitar? La mayoría de la gente no desearía estudiar con un individuo que:

✳ Utilice la magia para dominar, manipular o maldecir a otros.
✳ Ponga de relieve la riqueza, el lujo y las posesiones materiales por encima del crecimiento espiritual y la armonía.
✳ Trate a los estudiantes como serviles o inferiores, demostrando poseer un ego engreído.
✳ Exija el control de la vida personal de los estudiantes, favores sexuales o dinero a cambio de su enseñanza.
✳ Sea incapaz o no esté dispuesto a interactuar libremente con otros practicantes de la magia.
✳ Esté lleno de rabia, dolor, odio, amargura o cinismo.
✳ Parezca más dispuesto a discutir sus propios poderes y proezas que a ayudar realmente a los estudiantes a desarrollar sus propias virtudes.
✳ Insista en que el uso de drogas adictivas es un camino apropiado hacia el poder o la realización.
✳ Sea impaciente o se muestre confundido cuando se ve enfrentado a preguntas difíciles.

Desafortunadamente, existen unos pocos «profesores» sin escrúpulos que proyectan un aire de misterio y poder y atraen a incautos buscadores hacia su órbita para utilizarlos y robarlos. Si alguna vez te encuentras con uno de ellos, aléjate tan rápido como puedas y rompe todo contacto. Si él o ella trata de obligarte a que te quedes o a que regreses junto a él o a ella amenazándote con maldiciones mágicas, no accedas: puedes protegerte del ataque mágico; si él o ella lo intenta, sufrirá las consecuencias de la Ley del Retorno. Aléjate, rodéate de luz blanca y concéntrate en el desarrollo de tu propia fortaleza espiritual.

La cuestión de los honorarios

¿Deberías pagar por la instrucción de la magia? Si la senda espiritual que estás explorando es la Wicca y comienzas a entrenarte con una congregación, se supone que no debes pagar por la enseñanza (los deberes mínimos para las provisiones rituales o fotocopias de apuntes son otro asunto). Por otro lado, si te inscribes en un curso por correspondencia o, por ejemplo, en un taller sobre tarot, el cual está abierto al público, generalmente deberás pagar una modesta suma.

Algunas veces es difícil afirmar qué es lo apropiado, debido a que hay cuestiones de motivación y accesibilidad. Si un profesor enseña más en función de conseguir riqueza material que para impartir conocimiento, la enseñanza estará viciada. Y si los honorarios son tan elevados que algunas personas se ven excluidas del aprendizaje acerca de los aspectos espirituales de la magia, eso no es correcto. Si te cobran un honorario determinado y no estás seguro de si es apropiado o no, habla de ello con el profesor, en ese caso obedece a tu guía interior.

Si no te cobran ningún honorario y tu profesor comparte generosamente el conocimiento contigo, entonces considera el hecho de hacer una donación voluntaria, incluso los magos necesitan comer.

Aprendizaje de la magia en los libros

Los libros son un recurso importante si se escogen cuidadosamente. En el Apéndice de esta obra se incluye una lista de obras recomendadas. La mayoría de ellas se encuentran disponibles en librerías especializadas.

Cuando compres libros, evita aquellos que estén llenos de hechizos, maldiciones o encantos para dominar a otros. Tampoco inviertas mucho dinero y tiempo en «libros de recetas» mágicas, los cuales insinúan que se pueden obtener grandiosos resultados simplemente enterrando tres frijoles y recitando una copla en luna llena. Los libros que explican cómo funciona la magia y proporcionan ejercicios para ayudar a desarrollar nuevas habilidades y disciplinas son mucho más valiosos que los que sugieren que la magia es sobrenatural o fácil.

Al formar tu biblioteca, podrías basarte primero en buenos libros acerca de un sistema o senda: chamanismo, magia ceremonial occidental, la Cábala, Wicca y la magia natural, Huna o cualquier otro método que te vaya bien. La alternativa de escoger una variedad de libros sobre cada aspecto imaginable de la magia a medida que te encuentres con ellos es tentadora, pero puede generar mucha confusión. Concéntrate en un aspecto o sistema hasta que tengas sólidos conocimientos de él; después avanza.

Cuando consideres un libro determinado, aprende todo cuanto puedas acerca del autor. ¿Ha tenido una vasta experiencia en el campo tratado, o es un escritor popular o un mal periodista que escribe algún reportaje sensacionalista o superficial? Por poner como ejemplo los libros de «brujería», he leído algunos, escritos por clérigos de las cruzadas, quienes no sabían nada acerca del tema pero tenían un interés teológico; y otros, escritos por personas no Wiccas, quienes prometen hasta el cansancio «revelar los secretos de la brujería» y proporcionar al lector riqueza instantánea, poder y autoridad. Otros, simplemente buscan estimular al lector con una mezcolanza sin relación de hechizos mágicos, torturas medievales, demonios, adoradores del demonio e indicaciones de orgías. Semejante basura ilustrada no justifica el tiempo de cualquier buscador serio. Busca libros de sacerdotisas, sacerdotes y magos respetados reconocidos por su saber en la comunidad mágica o los clásicos, que han aguantado la prueba del tiempo.

Por ahora, continuemos con el libro que tienes en las manos en este momento y exploremos algunas de las variedades de la magia, practicadas hoy en todo el mundo.

3

Las variedades de la magia

No todos practican la magia de la misma forma. Existen variedades de la magia que son seguidas por diferentes grupos e individuos en distintos lugares. Por conveniencia, aquí podemos definir y considerar tres estilos principales: magia ceremonial, magia hermética y magia natural.

Estilos de magia

Stewart Farrar explica que la magia ceremonial «hace énfasis en el atuendo, los colores, las herramientas, las armas, los inciensos y todo aquello que se utiliza y en las correspondencias planetarias y las horas». En términos eclesiásticos, se podría llamar «superior» (aunque «magia superior» a menudo se refiere a la magia realizada con el propósito de conseguir el desarrollo espiritual, contraria a la «magia inferior», practicada para lograr objetivos mundanos o materiales).

La magia hermética va hacia el otro extremo: apunta a renunciar a todos los accesorios materiales y a alcanzar sus resultados sólo mediante el desarrollo mental, psíquico y espiritual.

La magia natural se practica en lo posible al aire libre y pone énfasis en la armonía con la tierra, el viento y el agua, con las deidades vegetales y los espíritus animales y con los ciclos de la luna y las estaciones. Sus herramientas rituales pueden ser toscas y simples, un palo como varita mágica, un puñado de piedras para la adivinación o algunas hierbas cortadas con un cuchillo de pedernal en luna llena para la curación. Tales habilidades como el conocimiento de las hierbas, el clima y el cambio de forma se pueden clasificar como magia natural.

Existe, sin embargo, otro estilo que no puede colocarse claramente en ninguna de estas categorías. Algunas veces se conoce como «magia de bruja de cocina». Esto no se refiere a las muñecas pequeñas que cuelgan sobre la estufa para evitar que la sopa se queme. Una bruja de cocina utiliza la magia (taumaturgia) para ayudar a manejar los detalles de la vida cotidiana, por ejemplo, para mantener una casa en un buen y plácido estado. Las herramientas rituales de esta práctica son las herramientas de la vida diaria: un trinchete, una patata partida como muñeco curativo. Los «rituales» son simples, casi casuales, aparentemente.

¿Dónde encaja la magia Wicca en este espectro? Aunque es «principalmente magia natural y compasiva en una simple tradición», ésta puede abarcar el rango completo de estilos y objetivos. Existen brujas que están a sus anchas bajo el sol y la luna, en el campo, en un bosque o en un jardín de hierba; hay otras que experimentan la magia ceremonial y las técnicas de comunicación sofisticadas, mezcladas. Otras investigan profundamente sobre la meditación hermética y el trance similar a las disciplinas de Rajah Yoga; algunas cambian de un estilo a otro, dependiendo de las circunstancias y de la naturaleza del trabajo de turno.

Algunas tradiciones mágicas

Durante todo el milenio y alrededor del mundo, muchísimas culturas han desarrollado sus propios sistemas de magia, los cuales reflejan sus propias tradiciones y uno o más estilos de los que hemos comentado. Aquí expondremos brevemente algunos de esos sistemas, concentrándonos en los que pueden ser estudiados por los lectores occidentales, debido a que tenemos a nuestra disposición los materiales o los profesores.

Chamanismo

Las variedades del chamanismo son practicadas entre las naciones americanas nativas, por los pueblos nativos del norte de Europa y de Asia. En años recientes el chamanismo ha sido «descubierto» por mucha gente de la Nueva Era en Estados Unidos, gracias a los libros de Carlos Castañeda, Michael Harner y Lynn V. Andrews.

En *The Way of the Shaman (El camino del chamán)*, Harner define a estos practicantes así: «Un chamán es un hombre o mujer que entra en un estado alterado de conciencia –a voluntad– para contactar y utilizar una realidad normalmente escondida con el fin de obtener conocimiento y poder y así ayudar a otras personas».

Una de las habilidades claves de un chamán es la capacidad de entrar en trance y hacer un viaje al inframundo; algunos chamanes lo logran a través del uso de drogas, mientras que otros cuentan exclusivamente con una mente, la cual es disciplinada y muy libre al mismo tiempo. Una vez en el inframundo, el chamán puede descubrir (o recuperar) un espíritu animal de poder o realizar un trabajo de curación.

El equipo de un chamán puede incluir tambores y sonajeros, los cuales se hacen sonar rítmicamente para ayudar a inducir al trance, y varios objetos médicos tales como cristales, conchas y raíces, los cuales pueden ser los hogares en el plano material de varios espíritus colaboradores.

Magia nórdica

Es probable que la magia nórdica evolucionara de una tradición chamánica similar a la de los innuit y la de los lapones. En su forma primitiva, era orientada hacia la naturaleza e incluía habilidades tales como influir en el clima y el uso o la asociación con animales de poder.

Los animales importantes para los nórdicos son el oso, el lobo y el cuervo. Los adeptos nórdicos aparentemente sabían cómo cambiar de forma, o al menos de conciencia, en animales. Los «berserkers» son el mejor ejemplo conocido de esta habilidad. «Berserk» (en español, 'frenético') proviene de las palabras nórdicas *bar sark*, que significan 'camisa de oso'; los *berserkers* eran guerreros vestidos con pieles de oso que podían entrar en la conciencia de un oso y pelear con toda la ferocidad de la que este animal es capaz.

En sus más recientes etapas, la magia y la religión nórdica incluyeron una tradición poética bien desarrollada. El poder de las letras fue reconocido, se dice que Odín se sacrificó voluntariamente, colgándose del Yggdrasil (el Árbol de la Vida) por nueve días y nueve noches, para ganar conocimiento místico de las runas. Incluso hoy, la adivinación con runas compite muy de cerca en popularidad con el tarot. La tradición oral nórdica abarcaba la poesía y la historia épica (tal como el Eddas), y también incluía hechizos hablados y conjuros. Los amuletos religiosos y los talismanes (tales como el martillo de Thor) eran comunes también en la magia nórdica.

Huna

En el otro lado del planeta encontramos Huna, el sistema psicoespiritual tradicional en Hawái. Mucho de nuestro conocimiento sobre esta tradición se debe a Max Freedom Long, quien llegó a Hawái en 1917 como joven profesor.

Como estudiante de las religiones del mundo, Long quedó fascinado con los misterios de Huna y luego descubrió muchas de las claves para lograr su efectividad.

De acuerdo a la investigación de Long, hay razón para creer que Huna es muy antigua y tiene raíces que se remontan a las culturas ancestrales de los berbers en el norte de África. En algún momento de la prehistoria, los ancestros de los hawaianos emigraron hacia el este, pasando por India y luego hacia el Pacífico.

Durante el recorrido, la magia y las enseñanzas espirituales de Huna fueron sometidas a los arreglos de la religión institucionalizada. Cuando el sacerdote jefe se enteró a través de sus habilidades psíquicas de que los misioneros cristianos iban a llegar a Hawái, él supuso que eran representantes de una fe más pura y poderosa que la religión nativa existente. Imaginando que ésta era una gran oportunidad (con la ayuda y el ejemplo de los nuevos profesores) para recrear la magia y la espiritualidad originales de la gente hawaiana, lideró un movimiento para derribar los templos y desmantelar la burocracia religiosa.

Cuando los misioneros llegaron, encontraron una gran confusión en la religión nativa y no perdieron tiempo para explotar la situación. Los líderes espirituales restantes notaron que los misioneros no tenían conocimiento sobre magia y no estaban interesados en los misterios del espíritu o de la psiqui humana, y para entonces Huna casi había dejado de existir como religión organizada.

Cuando Long apareció en escena casi un siglo después, no pudo encontrar ningún sacerdote o sacerdotisa kahuna que estuviera dispuesto a hablarle de sus antiguas tradiciones. No obstante, utilizando el idioma hawaiano, pudo recrear el conocimiento básico en el corazón de la magia Huna.

Sin entrar en mayores detalles, podemos decir que los kahunas entendieron los tres principales aspectos del espíritu humano de una forma que ni los filósofos occidentales modernos hasta Freud se le aproximaban, y las teorías de Freud eran toscamente comparadas con el modelo práctico y elegante en el que está basado Huna. Este entendimiento le permite a los kahunas, entre otras cosas, utilizar las energías espirituales para curar (o hacer daño, desafortunadamente) a distancia, ver eventos distantes, proyectar mensajes telepáticos o caminar sobre lava ardiente. Hoy parece que Huna puede estar empezando un renacimiento en las islas, similar al de Wicca y varias religiones americanas nativas en el continente. No está muy claro si está siendo perpetuada enérgicamente por descendientes lineales sobrevivientes de kahunas tradicionales entrenados en las antiguas artes, o si está siendo recreada por jóvenes hawaianos con un vehemente interés en su cultura, pero al menos una parte de este sistema mágico de gran discernimiento y poder todavía está disponible para estudiantes de magia serios.

Alquimia

Este antiguo arte, que combina química, filosofía y magia, se practicaba a muchos niveles por individuos espirituales, de pensamientos elevados y bien educados, pero también por charlatanes.

Para muchos alquimistas, el objetivo era trasformar los metales básicos en metales preciosos mediante el uso de una sustancia fabricada llamada «la piedra filosofal», o crear «el elixir de la vida», un líquido que podía prolongar la vida e incluso conferir inmortalidad. Para otros, estos objetivos eran solamente símbolos de la verdadera búsqueda: perfeccionar la espiritualidad de uno mismo. La alquimia era sólo una serie de principios y procesos, los cuales podían llevar al objetivo de purificar el alma y destilar la esencia divina de toda la humanidad. En este sentido, la alquimia, con su énfasis en el desarrollo espiritual del mago, es una forma de teúrgia o de magia superior. Sin embargo, algunos de los que practicaron las técnicas de la alquimia estaban motivados solamente por la codicia. Ellos soñaban con suministros ilimitados de oro y vidas inmortales para gastarlo; otros eran impostores declarados que habían abandonado la investigación seria, pero tenían suficiente conocimiento para impresionar a los patrones crédulos y acaudalados y hacer que se deshicieran de grandes sumas de dinero «para instalar la máquina y empezar a…, ya sabe».

Con el trascurrir de los siglos, la alquimia desarrolló un vocabulario vasto y florido para describir los elementos y procesos incluidos; manuscritos antiguos discutían misteriosamente sobre «el león verde», «la dama plateada» y «la cabeza de cuervo negro, más negro que el negro». Aunque muchos de esos términos se referían más bien a operaciones químicas y materiales prosaicos, otros se referían a procesos mágicos y espirituales importantes. Por ejemplo, el hieros gamos o «matrimonio sagrado» se refiere a la unión armoniosa de las polaridades masculina y femenina dentro de una sola psiquis de un individuo (*véase* «El matrimonio sagrado» en el capítulo 5).

La alquimia fue ciertamente la madre de la química moderna y todavía hoy es practicada por unas pocas personas como una disciplina espiritual y filosófica.

Brujería

La brujería es un conjunto de prácticas religiosas y de magia popular, el cual combina el catolicismo romano y la fe de divinidades aztecas y ha sido influenciado por otras tradiciones, como espiritismo, santería, vudú, Wicca y magia ceremonial. Es común en todo México y Estados Unidos entre la población chicana. Sus practicantes son llamados brujas si son mujeres y brujos si son hombres, aunque parece ser que hay pocos brujos en Estados Unidos.

La brujería se centra en la adoración de Nuestra Señora de Guadalupe, una versión de la Virgen María, quien primero se apareció a un indio converso en 1531. Aunque sus seguidores se consideran católicos, hay evidencias para sugerir que Guadalupe puede ser una «nueva» encarnación de Tonantzin, una Diosa/Madre azteca poderosa y querida. En todo caso, la fe está muy orientada a la Diosa y a la luna, aunque Jesús y una variedad de santos también son importantes para ésta.

Pequeños grupos de devotos (generalmente las mujeres en las sedes de Estados Unidos) se reúnen en la casa de la bruja en luna nueva y luna llena, en una habitación especialmente preparada como templo. Estas cofradías, por lo general, constan de trece personas o menos. El parecido con la Wicca Diánica no es accidental: la brujería es una religión viva, que crece, cambia –y es copiada– constantemente.

Las técnicas mágicas utilizadas en la brujería incluyen el uso de hierbas, tarot, velas en muchas formas y colores, astrología, plegarias, conjuros y medallones bendecidos que representan santos o a Guadalupe en sus diversos aspectos.

Vudú

«Voudun», «Vodun» o «oodoo» proviene de una palabra que significa 'Dios' o 'espíritu', y se refiere a una tradición mágica y religiosa que comenzó en África, se extendió a las Indias Occidentales y a Estados Unidos con la importación de esclavos y se mezcló con las creencias cristianas y católicas. Se practica en el sureste de Estados Unidos, Cuba, Trinidad y Brasil y es la religión principal de la isla de Haití.

La Deidad suprema es Bon Dieu, el «Buen Dios». Existen muchos otros Dioses y Diosas en el panteón, tales como Ogún, Papa Legba y Erzulie. Además, existen muchos otros Dioses menores, santos y espíritus llamados loas, espíritus de tierra, fuego, viento, lluvia, jungla, vejez, muerte y otros.

Al sacerdote vudú se le llama Houngan, y la sacerdotisa es una Mambo. Ellos se reúnen con los demás adoradores o hounci, en una capilla conocida como hounfor.

En los rituales hay plegarias a los dioses y espíritus; después, el Houngan o la Mambo sortean un veve o símbolo sagrado que corresponda a una de las Deidades. Se lleva a cabo un tamborileo con ciertos ritmos de tambor específicos para loas en particular y una danza estática hasta que los participantes entran en trance y son poseídos por las Deidades o loas. A la persona poseída de esta forma se le conoce como *cheval* o «caballo» del loa en control. Este estado puede durar unos pocos minutos o varias horas y la Deidad encarnada puede dar consejo, sanar, cantar y bailar durante ese tiempo.

Los practicantes del vudú también practican la comunicación con los muertos y utilizan hechizos para protegerse ellos mismos contra la magia negativa. Al igual que los chamanes, ellos pueden inducir a los espíritus a posesionarse en objetos materiales, los cuales son mantenidos en calabazas o frascos sobre el altar.

El vudú ha sido muy difamado en novelas y películas cinematográficas baratas de terror, sin embargo, a mucha gente le sirve como una forma positiva y efectiva de expresión religiosa.

Cábala

Quienes sólo están familiarizados con las tradiciones de reforma, conservadoras y ortodoxas del judaísmo se pueden sorprender al enterarse de que esta religión tiene una cuarta rama, la cual es más mística y, en cierta forma, menos patriarcal que sus primas.

La Cábala (también escrita como Kábala, Cabbalah y de muchas otras maneras) es «un sistema medieval y moderno de teosofía judía, misticismo y taumaturgia, caracterizado por la creencia en la creación a través de la emanación y de un método cifrado de interpretar la Escritura», según el diccionario Webster. De hecho, sus raíces se remontan más allá de la era medieval, aunque ésta sí floreció durante esta era y la tradición oral sugiere que los brujos y los cabalistas judíos pudieron haberse ayudado unos a otros (y compartido sus sistemas mágicos) durante los tiempos de persecución.

El Árbol de la Vida es de central importancia en la magia cabalística; es un símbolo que puede ser comparado con un «mapa espiritual de la realidad». Consiste en diez círculos (Sephiroth), los cuales son aspectos de la manifestación divina en diferentes niveles, ordenados desde Malkuth en la base (el plano material) hasta Kether en la parte superior (la Corona, Luz Suprema). Conectando los círculos (Sephiroth) se encuentran 22 caminos y la exploración de estas conexiones o «trabajo de senda» es un ejercicio importante para los cabalistas.

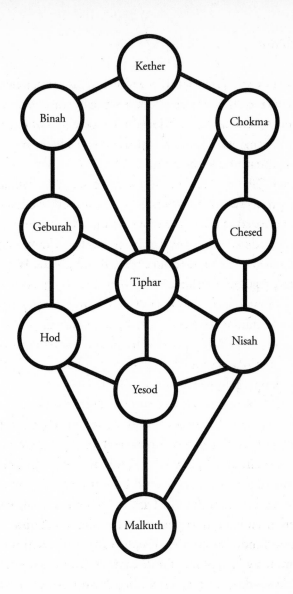

El Árbol de la Vida

Los nombres y títulos del Dios hebreo, especialmente el Tetragramaton (YHVH, anglicanizado posteriormente a Jehová), son considerados claves significativas para el poder mágico y se utilizan ampliamente en las invocaciones, en los talismanes y otros. Una técnica consiste en entonar o vibrar los nombres de Dios; por ejemplo, uno puede estimular los chakras con un ejercicio llamado «Pilar medio».

Una cuestión importante es que la filosofía cabalística acepta aspectos femeninos de la divinidad, alojados especialmente en Shekinah y en Binah del Árbol de la Vida, mucho más de lo que lo aceptan las divisiones «de corriente principal» del judaísmo.

Magia ceremonial occidental

Una organización ejemplificó esta tradición más que cualquier otra. Este grupo comenzó en 1884, cuando un tal Dr. Woodman encontró un misterioso manuscrito y lo compartió con el Dr. W. Wescott, un amigo rosacruciano, y con S. L. Mathers, el encargado de un museo. Entusiasmados con los rituales y los conocimientos descifrados del documento, fundaron The Hermetic Order of the Golden Dawn (La Orden Hermética del Amanecer Dorado), basada en las enseñanzas rosacrucianas, la magia cabalística, la religión egipcia y la creatividad de sus miembros, quienes juntaron estos diversos hilos en un todo unificado. Durante los breves años de su existencia, The Golden Dawn incluyó figuras bien conocidas como el poeta William Butler Yeats, el autor Algernon Blackwood y el controvertido Aleister Crowley. Y aún hoy en día su influencia continúa en las logias mágicas.

El objetivo del iniciado en The Golden Dawn, como se describía en el juramento del Adepto Menor, era «solicitar a sí mismo el gran trabajo, el cual es purificar y exaltar mi naturaleza espiritual de forma que yo pueda al final, con la ayuda divina, lograr ser más que humano y así ascender gradualmente y unirme a mi genio superior y divino y que en este evento no abuse del gran poder que se me ha confiado».

The Golden Dawn era conocida por su compleja jerarquía: los iniciados pasaban a través de varios grados en dos órdenes, obteniendo los títulos de Zelator, Teórico, Práctico, Filósofo, Adepto Menor, Adepto Mayor, Adepto Exento, Magister Templi y, finalmente, Ipsissimus. La Tercera Orden estaba conformada por los «Jefes Secretos», los adeptos legendarios que habían alcanzado la inmortalidad y los poderes mágicos más allá de la comprensión de la gente común y corriente.

Se establecieron templos en Inglaterra, Escocia y París; a su vez, Wescott fue elegido como Mago Supremo de la Sociedad Rosacruciana en Inglaterra y abandonó el Amanecer Dorado. S. L. MacGregor Mathers tomó el control y administró la Orden de una forma cada vez más autoritaria. A comienzos de 1990, la organización comenzó a sufrir conflictos internos y pronto se dividió en varias facciones. Sin embargo, sus templos permanecen como un modelo para muchos magos ceremoniales en todo el mundo occidental.

Entre otras habilidades, la Orden enseñaba la adivinación por medio de la geomancia, el tarot y la proyección y la clarividencia, el uso de talismanes, sellos e imágenes telesmáticas, invocaciones enocianas, trabajo cabalístico de sendas y proyección astral.

Otras tradiciones mágicas

Hemos hablado acerca de varias tradiciones mágicas importantes que existen hoy en día, pero también hay muchas otras aún practicadas e incluso muchas más que se han perdido en las arenas del tiempo. ¿Qué magias pudieron haber conocido los chamanes de la era de las glaciaciones en Europa, o las sacerdotisas del pasado, o los magos de los imperios africanos del este? Quizás, algún día lo sabremos a través de la investigación arqueológica, la regresión de vidas pasadas o una forma de trance o viaje astral, el cual trascienda el tiempo. Hasta entonces, debemos contentarnos con las tradiciones recientes o aún existentes.

Tales tradiciones son variadas y numerosas, suficientes para dedicar una vida entera a su estudio y práctica. Además de las ya expuestas, existe la santería en Cuba y ahora también en Estados Unidos; Candomblé, Xango y Macumba en Brasil y la magia china (parte de ella de origen taoísta) que incluye astrología, la adivinación I Ching y feng shui, la cual se puede definir como el arte de alinear las estructuras humanas en armonía con las energías terrestres. Existe la magia egipcia y telémica corriente, las artes de los druidas y las habilidades hereditarias de los gitanos. En la India, la línea entre las disciplinas como el yoga y la magia es realmente sutil; en Australia los aborígenes todavía llevan a cabo sus danzas y ceremonias antiguas. Las magias de algunas naciones americanas nativas, tales como la lectura de la piedra Sénec, sobreviven en áreas bastante dispersas. En un millar de lugares en todo este planeta, en desiertos y en bosques lluviosos, en islas y en áridas mesetas montañosas, los pensamientos y sistemas religiosos de millares de personas todavía rodean las artes mágicas.

Mucho se ha perdido, pero mucho aún sobrevive y el principiante necesita gran autodisciplina para enfocarse en la perfección de las bases de una tradición, antes de comenzar a explorar otras. La especialización es importante; chapucear simplemente en algo que avive tu imaginación, normalmente, te llevará a una gran colección de fragmentos de conocimientos y te proporcionará muy poco poder o habilidad. El mejor método para la magia es centrarse en un sistema hasta que el conocimiento y las técnicas de otros enriquezcan y no confundan su práctica.

Magos famosos de la antigüedad

Hemos examinado algunas de las grandes tradiciones mágicas, y ahora podemos compartir las historias de algunos individuos cuyos nombres y carreras son sinónimos del Arte. Algunos de los mencionados pueden haber sido míticos y otros fueron ciertamente figuras históricas. No todos fueron grandes expertos o seres espirituales altamente evolucionados, pero sí fueron, al menos, lo suficientemente pintorescos como para ser recordados. Son nombres con los que vale la pena conjurar.

Circe. Es seguramente una de las encantadoras más primitivas de las que se tenga registro, ella fue una figura clave en *La odisea* de Homero, escrita tal vez 700 años antes de la era cristiana. Vivió en una isla del mar Mediterráneo, habitada por muchos animales salvajes. Fue ella quien convirtió a la tripulación de Ulises en cerdos; incluso, después de que ella devolviera a sus hombres su forma original, el héroe la encontró tan encantadora, que permaneció en la isla por un año. Su habilidad mágica era apenas sorprendente: era la hija de Hécate, la diosa de la magia.

Medea. Era la sobrina de Circe y una compañía para Jasón en su búsqueda del Vellocino de Oro. Aparentemente ellos eran un grupo muy eficaz hasta que Jasón decidió unirse a la realeza. Según la leyenda, Medea asesinó a su novio y desapareció en una carroza tirada por dragones.

Pitágoras. Fue un matemático griego que formó una sociedad mágica secreta, alrededor de unos 500 años antes de la era cristiana; fue un gran numerologista (lo cual parecía natural en un matemático), pero la leyenda dice que él podía también caminar sobre el agua y volverse invisible –habilidades que mi profesor de geometría de secundaria jamás demostró.

Apolonio de Tyana. Floreció en Asia Menor durante el siglo I de la era actual. Además de sus habilidades como curandero y clarividente, podía hablar y entender a los animales. Fue muy admirado por los paganos romanos durante el nacimiento de la fe cristiana –una «leyenda en su tiempo»–. Si las corrientes de la historia hubiesen fluido un poco diferente, el mundo occidental podría estar repleto de iglesias apolonienses hoy en día.

Simón el Mago. Fue un gran profesor de la fe gnóstica, la cual era un híbrido de la religión pagana, las enseñanzas judías y la joven teología cristiana. Los gnósticos sostenían que la humanidad podía experimentar y entender lo divino directamente, sin la necesidad de la mediación de sacerdotes y papas. Esta actitud no fue tomada para que los gnósticos se hicieran querer por la jerarquía cristiana y ellos fueron (en el nombre de Dios, por supuesto) sacados de escena muy pronto. Parte de su ciencia que incluía el diseño de amuletos y talismanes ha sobrevivido hasta hoy.

Cornelius Agrippa. Nació en Alemania en 1486, pero pasó mucho tiempo de su carrera en Francia y Austria como médico y astrólogo en aquellas cortes reales. Él no se llevaba bien con la Iglesia y una vez defendió exitosamente a una mujer acusada de brujería. Fue el autor de *De occulta philosophia (La filosofía oculta),* y podía, según la opinión popular, invocar espíritus y convertir los metales básicos en oro.

John Dee. Es conocido como alquimista y astrólogo y, de alguna forma, se las arregló para abrirse camino entre las intrigas políticas de la Inglaterra del siglo XVI sin quemarse —en ninguno de los dos sentidos de la palabra—. También se convirtió en un poderoso y respetado consejero de la reina Elizabeth.

Dee descubrió un cristal sorprendente o piedra de mirar, pero desafortunadamente no fue un adepto particular de las proyecciones. Después, conoció a alguien cuyas habilidades en la proyección incluían ver y escuchar espíritus en el cristal; esta persona resultó ser un hombre de reputación empañada, de nombre Edward Kelly; existían rumores acerca de sus crímenes místicos y mundanos, desde la hechicería hasta la falsificación. Pero Kelly podía practicar proyecciones y de su trabajo provino el lenguaje y las técnicas de la magia enociana a medida que era revelada por los espíritus del cristal.

Con el paso del tiempo, Elizabeth les retiró el apoyo de sus actividades y Dee y Kelly recorrieron sin rumbo toda Europa, buscando nuevos patrocinadores. Años más tarde, se separaron; Dee regresó a Inglaterra, donde murió en la pobreza.

Hermes Trismegistus (o «Hermes tres veces grande»). Fue un sabio del Egipto antiguo. Es quizás más conocido por un evento que tuvo lugar después de su muerte: de acuerdo con la leyenda, su tumba estuvo perdida durante siglos y, cuando por fin fue descubierta, las manos del cuerpo enterrado profundamente en una cámara funeraria subterránea tenían cogida una tablilla esmeralda. La tablilla es un tratado misterioso y corto sobre la magia y el universo: es una clave para descifrar la gran sabiduría y poder, para quien pueda entender sus expresiones ocultas. Es de esta tablilla que se deriva el famoso adagio «cuanto más arriba, más abajo».

Christian Rosenkreuz. Fue el fundador semimítico de la sociedad rosacruciana, una compañía de adeptos que practicaban (¿o practican?) un sistema de magia que mezcla el misticismo cristiano con la filosofía hermética. La primera evidencia que tenemos de esta sociedad procede de la Alemania del siglo XVII, aunque ésta apareció súbitamente más tarde en París y en otros lugares. Supuestamente, sus expertos miembros eran tan hábiles que podían moverse invisiblemente por las calles de una gran metrópolis. Ellos operaban en total secreto y anonimato, excepto por los miles de volantes que pegaban por todas partes, en los cuales alardeaban de sus poderes mágicos. En Estados Unidos, el heredero moderno de esta organización oculta es la orden mística antigua Rosa Cruz, la cual enseña los secretos del universo por correo.

El conde de Saint-Germain. Cultivó un aire de misterio con gran éxito. Llegó a París en 1748 procedente de lugares desconocidos y pronto se convirtió en el tema de conversación favorito de los salones de la alta sociedad. Todo el mundo sabía (aunque nunca lo habían visto) que gozaba de una gran riqueza y todos sospechaban (aunque no podían probarlo) que él había descubierto el Elixir de la Vida y que era mucho más viejo de lo que aparentaba. Se decía incluso que él era el fundador original de la francmasonería. Según la leyenda, él sobrevive hasta estos días. (¿Tu vecino que hace sonar la radio muy alto?, ¿aquel que realmente nunca has visto? Mejor no le envíes una nota grosera… uno nunca sabe).

El conde Allendro de Cagliostro. Fue un siciliano, nacido por el tiempo en que Saint-Germain debutaba en París. Su tutor fue Althotas, un alquimista griego. Cagliostro viajó por toda África, Asia y Arabia, viviendo como alquimista, médium y adivino. En un tiempo, tomó el título de «El Gran Copto» y creó la hechicería egipcia, la cual admitía mujeres cada vez en mayor número (al menos mujeres ricas, ya que los honorarios eran más que nominales).

Después de causar una gran sensación inicialmente en Francia, las autoridades se dieron cuenta de que su presencia continua no era bien recibida. Cagliostro cometió entonces el increíble error de tratar de iniciar una logia en Roma, ante las propias narices del Vaticano. La Inquisición lo arrestó inmediatamente y lo sentenció a muerte por hechicero y hereje; pero el papa rebajó su sentencia a cadena perpetua y envió a su esposa Lorenza a un convento.

Eliphas Levi. Nació en París, una ciudad que parece promover y atraer el interés por lo oculto. Estudió para el sacerdocio católico, pero intentó combinar su fe con la práctica de la magia, un empeño que (como Cagliostro pudo haber explicado) nunca había sido estimulado por Roma. Levi jamás renunció a la magia ni a la Iglesia y, aunque era más un escolar que un teurgista practicante, escribió muchos libros populares sobre el tema. *The Dogma and Ritual of High Magick (El dogma y el ritual de la magia superior)* es una de sus obras principales. Sus otros libros sobre Cábala, tarot, alquimia y ritual todavía son muy leídos hoy en día.

Aleister Crowley. Fue un inglés que vivió desde 1875 hasta 1947. A diferencia de muchos de sus compatriotas, Crowley parecía sentir gran placer conmocionando a la gente, lo cual no era muy difícil de lograr en la Inglaterra victoriana. No mantenía en secreto sus gustos, los cuales incluían las drogas y el alcohol y se autodenominaba «la gran bestia», un título bíblico con el que no se ganaba la simpatía de sus contemporáneos cristianos más conservadores. Fue una figura principal en The Golden Dawn (el Orden del Amanecer Dorado); después lo dejó en una tormenta de controversias, comenzó otra logia, la cual se destruyó muy pronto por sí sola, fundó Astrum Argentinium (la «Estrella de Plata»), se unió al Ordo Templi Orientis en Alemania, pasó algún tiempo en América, después conformó The Sacred Abbey of Thelema (Abadía sagrada de Thelema) en Sicilia. Aparentemente, la programación de actividades del «Sagrado Abbey» habría hecho ruborizar a un emperador romano, y el gobierno lo invitó a que se fuera. Al igual que John Dee, su predecesor, Crowley anduvo errante durante años antes de regresar a Inglaterra, donde murió.

Algunos comentarios finales

En las historias que hemos visto, existen algunos temas comunes y un patrón que se ha desarrollado con el tiempo. A los practicantes más antiguos que se recuerdan se les atribuía milagrosos poderes, y está claro que eran, en general, figuras respetadas en sus comunidades. Cuando entramos en la era cristiana, los magos aparecen cada vez más como directores de espectáculos que llevan una vida precaria: un mes son agasajados como hombres de sabiduría y habilidades sorprendentes por aristócratas fascinados y al mes siguiente son denunciados como charlatanes y perseguidos por las autoridades. Esta clase de actitud amor-odio todavía se da hoy en día. Existen muchas personas que se sienten atraídas por «lo oculto», pero que todavía no están a gusto con quienes estudian tales artes.

Las personas cuyas vidas hemos bosquejado aquí no representan a los practicantes mágicos. Por el contrario, son aquellas cuyas actividades fueron tan coloridas o escandalosas que sus nombres todavía se recuerdan. Olvidados están los millares de taumaturgos silenciosos –las sacerdotisas y curanderos y ritualistas que sirvieron a sus comunidades sin ningún alboroto y nunca ofrecieron crear oro a partir del plomo a un rey demasiado rico para necesitarlo–. Especialmente ignoradas, en nuestra época patriarcal, han sido la mayoría de las mujeres que practicaban el arte, y quienes son hoy la espina dorsal del resurgir mágico en Occidente.

Así que disfruta de los cuentos de los magos de antaño, pero recuerda que no necesitamos emularlos. Un sentido de drama y un fuerte ego pueden ser herramientas útiles para el mago; sin embargo, la extravagancia y el egotismo no son necesarios. Son muchísimo más importantes la reverencia, el valor y el amor: éstas son las cualidades de los magos más grandiosos y sus nombres no son Cagliostro y Crowley. Sus nombres fueron Lao-Tzu, Buda, Jesús y numerosos nombres femeninos, ahora olvidados.

4

Cómo funciona la magia

La magia se basa en ciertas premisas llamadas «las Leyes de la magia», las cuales tienen definiciones que varían un poco en las diferentes tradiciones. Realmente, éstas son afines a las leyes de los médicos, sin embargo los físicos apenas están empezando a encontrar la validez científica de algunas verdades conocidas por los adeptos durante milenios. Podríamos resumir las leyes de la magia diciendo que:

✓ La energía es abundante.

✓ Todo está relacionado.

✓ Las posibilidades son infinitas.

✓ La senda está en tu interior.

... Y que los magos pueden utilizar el conocimiento de las relaciones y la energía disponible para convertir la posibilidad en realidad, siguiendo esa senda interior. Exploremos ahora cada uno de estos puntos.

La energía es abundante

Desde una cierta perspectiva, puede decirse que todo se compone de energía que vibra en varias longitudes de onda. Por lo tanto, la energía se manifiesta como materia sólida, líquidos, gases, plasma y campos de energía aún más sutiles. Debido a que somos formas de energía que existen en en un océano de energía, generalmente no nos percatamos de la intensidad y la variedad de energía que hay a nuestro alrededor, no podemos, por así decirlo, ver el bosque a causa de los árboles.

Pero la energía está presente de manera abundante en este planeta. Podríamos reconocer esto más claramente si pudiésemos experimentar el ambiente de la Tierra desde la perspectiva de, digamos, una criatura hipotética en forma de liquen proveniente de Charon, la Luna de Plutón (poco probable, pero va bien con la idea). Llamemos «*Wh*» a nuestra pretendida criatura, el cual es un nombre bonito de baja energía. Ahora, *Wh* está acostumbrado a tres cosas: la oscuridad, la calma y el frío extremo. Una noche (allá siempre es de noche), *Wh* gana unas fabulosas vacaciones a la Tierra con todos los gastos pagados, con la Lotería Nacional Charoniana. Éste se embarca en una nave espacial plutoniana de pasajeros, la cual se ve como un melón gris oscuro y arrugado. ¡Vía el Sol hacia la Tierra para un descanso despreocupado entre los primitivos!

Cerca de cuatrocientos años más tarde, la nave llega de acuerdo con lo programado y *Wh* se desliza sobre el suelo de Florida –¡Hacia una pesadilla!–. La radiación solar ardiente cae a chorros; gases inflados rugen y laceran a *Wh*, ruidos atronadores lastiman sus delicados oídos y los líquidos corrosivos y las punzantes piedras de silicato azotan su cuerpo. Esto no es, en absoluto, lo que *Wh* había estado esperando. Inmediatamente sube de regreso, aborda la nave y comienza a escribir una fuerte carta a sus abogados. Allá en la playa, los bañistas humanos disfrutan de los cielos soleados y las brisas marinas apacibles de un perfecto día de verano.

Toda la energía está a nuestro alrededor, esperando ser utilizada.

Todo está relacionado

El tejido de Indra es una metáfora preciosa para este modelo de realidad. Imagina por un momento que te encuentras a la deriva en la oscuridad aterciopelada del espacio profundo. Extendiéndose ante ti y alejándose detrás en la distancia infinita, se encuentran millares de hilos plateados paralelos. Cruzándolos hacia la derecha y hacia la izquierda se ven bancos y capas interminables de más hilos plateados, tocándose unos a otros mientras se cruzan. Alcanzando arriba y abajo tanto como se pueda ver, y también entrelazados, hay más cortinas de hilos incontables, de forma que todo el universo está lleno con una tela o tejido plateado en múltiples dimensiones.

En cada uno de los puntos de número infinito donde se tocan los hilos se une una esfera de cristal un poco clara. Las esferas son resplandecientes y su luz combinada ilumina el cosmos. Además, la superficie fina de cada esfera refleja las otras esferas dentro de ella; de hecho, ésta refleja el patrón completo del tejido. Cada una refleja todo lo que a su vez se refleja de todas las esferas; reflejos reflejados en reflejos, imágenes de imágenes de imágenes, todo enlazado y compartiendo su luz en una brillantez ilimitada.

Cuando sepas lo que esto significa –cuando lo sientas, en un nivel más profundo al que la mente consciente pueda llegar– entonces tendrás una de las claves de la magia.

Una variante de esta percepción se expresa en la frase «cuanto más arriba, más abajo». El microcosmos refleja el macrocosmos. Sea lo que sea que exista en una mayor escala de magnitud, o como una forma de pensamiento en planos del ser más sutiles, tiene su contraparte o equivalente en la escala humana y en el plano material.

Esta figura muestra este concepto relacionando cada parte del cuerpo humano con, una energía planetaria. Más adelante, discutiremos la aplicación práctica de esta idea en la magia, en el uso de «correspondencias» para dirigir el cambio.

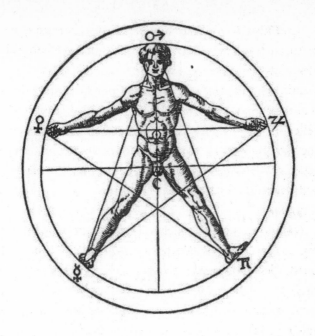

Las posibilidades son infinitas

Sí, infinitas. Considerando esta afirmación desde una perspectiva cósmica, podemos ver que en un universo infinito todas las cosas en las que podamos soñar se manifestarán en algún lugar, alguna vez.

¿Es infinito el universo? Los astrónomos dicen que nuestra galaxia solamente tiene cerca de cien billones de estrellas, con un número incontable de planetas circulando por ella. Además, pueden ver —hasta ahora— al menos cien billones de galaxias, cada una con cerca de ese mismo número de estrellas.

Según mis cuentas, esto significa que la parte visible para nosotros incluye más de 10.000.000.000.000.000.000.000 estrellas… y no podemos ver que terminen.

El tiempo también es un factor, por supuesto. Cuanto más tiempo, más cosas pueden ser posibles. Nuestra galaxia parece haber existido durante aproximadamente diecisiete billones (17.000.000.000) de años y, por lo que sabemos, éste podría ser, simplemente, el más reciente dentro de un número infinito de reciclajes.

Sin embargo, la magnitud del universo puede ser mucho más vasta de lo que incluso implica esta información. ¿Y si todas las galaxias existen en una escala microscópica en cada grano de arena, en cada gota de agua? ¿Y si las galaxias que podemos ver con nuestros grandes telescopios están yendo a la deriva en una mota de polvo en algún mundo mucho más grande? ¿Y si (como creen los Wicca) existen mundos enteros en los planos más sutiles –«el astral», «los Reinos de los Poderosos»– o en otras dimensiones de la realidad?

En algún lugar, mientras lees estas palabras, los centauros bailan a la luz de la luna y luces de antorcha destellan desde un tesoro dorado donde los dragones descansan soñando en sus cavernas.

Podrías verte tentado a replicar: «Tal vez sí, pero yo estoy interesado en las posibilidades para mi vida aquí y ahora, no en lo que pueda estar sucediendo en planetas distantes o en otros planos».

Pero las posibilidades también están aquí. La ciencia moderna nos ha educado algo en relación a nuestro potencial, pero no se necesita un doctorado en física para hacer magia. El mundo está lleno de personas que han trasformado sus vidas y han encontrado valor, amor y belleza donde antes había desesperación y dolor. Otras se comprometen a realizar milagros «vistosos», tales como la curación médica, caminar sobre fuego o doblar cucharas con el poder de la mente. La mayoría de estas personas no están practicando la magia conscientemente. ¡Cuánto más podrían hacer si tuvieran el entendimiento y las habilidades disciplinadas de un experto!

¿Cuáles son las posibilidades para tu vida? ¿Necesitas relaciones que sean amorosas, creativas y estables? ¿Quieres conseguir una profesión que sea más desafiante y más satisfactoria financieramente? ¿Hay algún viejo daño físico o emocional al que estés dispuesto a sanar? ¿Tienes miedos o patrones de pensamiento que te hacen infeliz y bloquean tus mejores esfuerzos? ¿Eres adicto a algo de lo que te gustaría liberarte (comida, cigarrillos, alcohol, drogas, trabajo en exceso o televisión)? ¿Hay algún arte u oficio que siempre hayas querido aprender, pero no lo has practicado porque temes no tener talento?

La magia te puede ayudar con alguno o con todos estos esfuerzos. Imagina cómo podría ser tu vida. Imagínalo con tu mente joven, para la cual los colores son más brillantes, los sonidos más claros, los sabores más vívidos y todo parece posible. Has escogido ciertas sendas, pero otras todavía permanecen abiertas y la magia es la puerta.

Esto no será fácil. Te estás dando cuenta de que la magia no es milagrosa o sobrenatural. Unos pocos conjuros murmurados o unos gestos con una varita no te llevarán adonde quieres ir. Convertirse en mago exige estudio y trabajo duro tanto en el reino astral como en el mundo material, además de fe e imaginación. Pero si puedes creer, soñar y trabajar, entonces, tus posibilidades son infinitas.

La senda se encuentra en tu interior

Ahora llegamos a un concepto clave, el cual muchos adeptos entienden, pero muchos otros no. Dicho concepto se resume en una de las cartas Arcana Mayor del tarot: los Amantes.

En *Tarot Revealed (El tarot revelado),* Eden Gray dice de esta carta, que «el intelecto autoconsciente representado por el hombre, no establece contacto directo con la superconciencia (el Ángel), excepto a través de Eva (el subconsciente)».

Como los Farrars señalan en relación con este pasaje, éste «es, en términos psicológicos, el secreto de Wicca». Es claramente obvio, es un secreto a voces a estas alturas, ya que la misma idea (en diferente terminología) se ha publicado más de una vez. Pero leerla es una cosa y entenderla y utilizarla, otra. Aclaremos algunos términos antes de continuar. El «intelecto autoconsciente» es esa parte de nosotros mismos donde reside el pensamiento racional y gran parte de la personalidad. Se puede denominar como «conciencia despierta normal», el «Yo Intermedio» o el muy descriptivo «Yo Cabeza Hablante». Ésta es la parte tuya, la cual está leyendo estas palabras en este momento.

Pero esto es solamente *parte* de ti, de acuerdo con el modelo de las tres partes del Yo que estamos utilizando. A otra parte se la llama el «subconsciente», el «Yo Inferior» o (según Starhawk) el «Yo Joven». Este nivel generalmente es ignorado por la mayoría de las personas en el nivel consciente. Desde que Freud empezó a hablar del «id», éste ha tenido siempre un poco de mala reputación, como una clase de hoyo de lodo psicológico constituido de fantasías sexuales extrañas e impulsos salvajes.

Esta imagen no sólo es inmerecida, sino que es también un obstáculo importante para la práctica exitosa de la magia. De hecho, el Yo Joven es un aliado valioso para la mente consciente. Se encarga de la emoción, de la memoria y de la sensación. En muchos aspectos es como un niño, aunque en la tradición Huna hawaiana se representa como un animal, con los instintos profundos, la intuición y la conciencia inmediata del mundo sensible de un mamífero. Es un canal y un generador poderoso de energía psíquica, pero a menudo requiere la guía del Yo consciente para que sea utilizado costructivamente.

Existe un tercer aspecto del Yo, al cual Starhawk cataloga en *La danza en espiral* como «... el Yo Superior o Yo Dios, el cual no corresponde fácilmente a ningún concepto psicológico. El Yo Superior es el interior Divino, la esencia última y original, el espíritu que existe más allá del tiempo, el espacio y la materia. Es nuestro más profundo nivel de sabiduría y compasión y se concibe como masculino y femenino, dos motas de conciencia unidas como una». Ésta es la parte que muchas religiones representan como un ángel o deidad «exterior», en vez de interior-y-exterior o como «el alma», vista como inmortal, pero esencialmente pasiva.

Ahora la parte importante es: *todos los tres aspectos del Yo deben trabajar como un equipo* para que la magia —es decir, la trasformación dirigida— funcione.

Donde la mayoría de los posibles magos fallan es en dirigir el Yo Superior directamente, sin ir «a través de Eva» o del Yo Joven. Efectivamente, por eso la mayor parte de las plegarias son ineficaces (excepto como un medio de apaciguar la catarsis o de autoconsolación): no hay un «canal directo» desde el Yo Intermedio al Yo Superior o Dios o Diosa.

Algunos aspirantes a magos, más limitados todavía en su entendimiento, incluso abandonan el Yo Superior, creyendo que pueden hacer magia a través del poder del intelecto sin ninguna ayuda. Pero se trata simplemente del ego hablándose a sí mismo, con lo cual no se logra nada.

La magia eficaz trabaja así: el Yo Intermedio escoge un propósito que esté de acuerdo con su Verdadera Voluntad; éste comunica su propósito al Yo Joven de una forma especial, al tiempo que obtiene poder; el Yo Joven «empuja» el poder y lo canaliza hacia el Yo Superior, junto con una imagen clara del objetivo y éste utiliza el poder para manifestar el resultado deseado. El Yo Intermedio experimenta el resultado y así se completa el círculo.

5

Preparándote para la magia

Antes de empezar a practicar la magia de forma exitosa, es necesario que te prepares a fondo; de hecho, la mayoría del trabajo de la magia está más en la preparación que en el ritual. Esto es importante, ya que, después de todo, tú eres el elemento más importante de la magia. Las herramientas cruciales son tu mente, tu voluntad, tu cuerpo, etc. y no tu atuendo o las velas. Pocos magos formarían parte del círculo vistiendo una túnica raída y llevando un pentáculo sucio; sin embargo, muchas personas realizan rituales todas las semanas con mentes aturdidas, voluntades débiles y cuerpos no condicionados. En lugar de eso prepárate y entrénate como si fueras un atleta olímpico; después, podrás practicar magia de primera calidad.

La responsabilidad

Comienza por responsabilizarte de tu vida y de todos sus aspectos. Esto es parte de la entrada a su poder. No puedes ser una víctima, el peón de los esquemas de otros o jugue-te del destino y ser un mago al mismo tiempo. Acostúm-brate a la idea de que todo en tu vida –cada evento, cada relación, cada pensamiento y cada objeto material– existe porque tú lo has escogido. Rara vez escogemos conscien-temente; con frecuencia, la decisión la toma el Yo Joven. Sin embargo, siempre escogemos. Las elecciones pueden ser sabias o tontas, pero son nuestras. Lo que conside-ramos actos que nos hacen a nosotros o coincidencias o accidentes, son, en realidad, eventos escogidos, o por lo menos aceptados por nosotros en un nivel por debajo de la mente consciente.

En *The Medicine Woman (La curandera)*, Agnes Whistling Elk dice: «Cada acto tiene un significado. "Ac-cidente" es una palabra nacida de la confusión, significa que no nos entendimos lo suficiente para saber por qué hicimos algo. Si te resbalas y te cortas un dedo, existe una razón para ello. Alguien en la morada de tu luna quería que lo hicieras. Si supieras cómo escuchar a los jefes den-tro de la morada de tu luna, nunca harías una cosa tan tonta…».

«El curandero nunca comete un error. Una curandera sabe cómo emitir sus auscultaciones desde la morada de su luna para echar un vistazo. Cuando llega a donde iba, sabe qué esperar porque sus auscultaciones ya han estado allí y le han dicho todo… "Accidente" es una forma de evitar la responsabilidad de tus acciones y pedirle a otro que la asuma».

Enfoque y conexión

Si prestas atención a todo lo que sucede en tu interior, sabrás si te falta equilibrio, si te sientes acosado, confundido, vacilante, débil, o por el contrario fuerte, confiado, sólido, seguro, bien fundamentado y tranquilo, enfocado, en una palabra. Es sumamente importante que te des cuenta o que sea sensible a tu estado interior, sin importar qué distracciones o deberes exteriores exijan tu atención. Si te das cuenta de que vas a la deriva, «desenfocado», *detente* y tómate tu tiempo para enfocarte y conectarte.

Hay un ejercicio útil llamado respiración bhramari, el cual puedes realizar. Siéntate o permanece en una posición cómoda y flexiona y relaja progresivamente cada grupo muscular de tu cuerpo. Comienza con una respiración profunda, rítmica y abdominal, inhalando a través de la boca y exhalando por la nariz. Después canturrea una nota larga y uniforme mientras exhalas. Cada vez que lo hagas, produce un zumbido un poco más continuo y más prolongado. Haz por lo menos veinte exhalaciones, concentrándote únicamente en la nota zumbante larga y sostenida. (Ten cuidado de no hiperventilar. Si empiezas a sentirte aturdido y con la cabeza liviana, suspende el ejercicio. Pon la cabeza hacia abajo y respira normalmente. La próxima vez que trates de hacer el ejercicio, hazlo por un período de tiempo más corto y modera la respiración).

Cuando te sientas calmado y despejado, envía «raíces» hacia la tierra a través del chakra raíz en la base de tu espina dorsal. Imagínate las raíces de tu energía entrando en

lo profundo de la tierra, ramificándose y sosteniéndose.
Ahora inhala y atrae la energía de la tierra a través de tus
raíces y dentro de cada parte de tu cuerpo. Siente cómo
lo llena la fuerza, la estabilidad y la sabiduría antigua de
la tierra.

Cuando estés listo, atrae nuevamente las raíces de su energía hacia ti, siéntate en silencio por un momento y luego prosigue con tu trabajo.

Un sacerdote de nuestra congregación me enseñó otra buena forma de enfoque y conexión. Camina al aire libre, y enfoca tu atención en cualquier objeto grande: un árbol grande, un edificio o una montaña. Inhala y toma la masa del objeto en tu interior a través de los ojos y la respiración (sin embargo, si es un edificio, asegúrate de tomar solamente su masa y no las diferentes energías humanas que lo penetran). Pronto te sentirás más calmado y estable.

Recuerda, tu conexión con el Gran Tejido (Dios o Diosa) está en tu centro y siempre y cuando estés enfocado, todo el poder, la paz y los recursos del tejido serán tuyos.

Purificación de tu campo de energía

Ya estés podando el césped o trabajando la magia superior, es bueno mantener tu campo de energía claro y limpio. He aquí un programa para ayudarte a hacerlo. Repítelo las veces que sea necesario.

Ayuna de uno a tres días con la aprobación de tu curandero o médico, bebiendo solamente agua destilada o sidra de manzana (no la sidra fuerte). Toma un baño ritual a la luz de una vela mientras quemas incienso en el cuarto (el sándalo es bueno, pero también sirven otras variedades, siempre y cuando sus esencias no sean muy fuertes). Luego, puedes trazar un círculo –más adelante se dará la explicación de cómo hacerlo– mientras vistes una túnica delgada o permaneces desnudo. Párate en el centro: respira luz blanca radiante y exhala tensión, todos los sentimientos negativos y los escombros psíquicos. Continúa por lo menos con otras 27 respiraciones o hasta que sientas que las respiraciones te están purificando. Regresa a tu respiración normal.

Si estás con un amigo, pídele que cepille suavemente toda tu aura con una pluma, alejando así toda energía tóxica. Si estás solo, puedes hacerlo tú mismo. Envuélvete después en un capullo de luz blanca, logrando que el amor, el aire y la energía positiva de todo tipo fluyan hacia ti para repeler cualquier energía negativa. Da las gracias y abre el círculo o siéntate y medita sobre pensamientos positivos e inspiradores durante un rato.

Despejando el camino

¿Qué más se puede hacer para prepararse para la práctica de la magia o para crecer como un ser mágico? Se debe crear un libre flujo de comunicación, confianza, amor y energía entre los tres niveles del Yo.

Acabamos de exponer el modelo de las tres partes del Yo y la necesidad de cooperación entre ellas. Este concepto es parte de Huna, la senda espiritual hawaiana, la tradición Feérica de Wicca y de otros sistemas. Por conveniencia, podemos utilizar la terminología Feérica y hablar del Yo Joven, el Yo Hablante y el Yo Superior.

Crear una relación amorosa y consciente entre estos tres Yo no es una tarea fácil. Es el trabajo de toda una vida o de muchas vidas. Sin embargo, se pueden lograr grandes avances, aun en pocos meses, si se trabaja con esmero y persistencia.

Comienza con la relación entre el Yo Hablante (aquella parte que está leyendo estas palabras) y el Yo Joven. Si eres como muchos occidentales, entonces tienes bien ignorado a tu Yo Joven, ya sea porque no estás a gusto con su naturaleza sensual y temes las necesidades y los impulsos que puedan esconderse en éste, o bien, porque consideras otros aspectos como «niñerías» y te has convencido de que los adultos maduros no toleran el juego, los rituales y cosas por el estilo. Si esto te define, entonces seguramente vas camino de la fosilización.

Deja a un lado semejante insensatez y empieza a ser amigo de tu Yo Joven. No le hables pensando que las palabras lo impresionarán, sino que las imágenes y los sentimientos que acompañan a tus palabras y tu tono de voz y el simple hecho de que estás prestando atención, harán la diferencia. Escúchalo, ya sea que esté meditando y en trance, sonando, trabajando con el péndulo o utilizando el tarot. Estate alerta, permanece abierto, pon atención.

Corteja al Yo Joven de la misma forma que buscarías ganar la confianza de un niño o de un animal: paciente, amorosa y gentilmente. Pregunta su nombre; cuando se haya establecido la suficiente confianza, el vendrá hacia ti.

Si deseas adoptar una técnica Huna, pídele que muestre su forma animal durante la meditación, el trance o un trabajo de sueño. Podrás ver un mamífero, y no necesariamente se tratará de tu especie favorita o tu tótem o un animal de poder. Míralo a los ojos y pregúntale si es una representación verdadera del Yo Joven. Si éste no puede enfrentar tu mirada fija o desaparece o huye, entonces el Yo Joven está siendo tímido o perverso y lo está despistando. Con el tiempo, encontrarás el animal correcto y podrás obtener percepciones valiosas del carácter y la personalidad de tu Yo Joven al entender las características de esa especie.

Aunque en muchos aspectos no se parece a un niño, el Yo Joven disfruta de las mismas cosas que un niño: colores brillantes, música, juguetes, regalos, juegos, abrazos, ropa bonita, olores agradables, etc. Cuando «te permites» sus necesidades sensuales, de juego e infantiles, estás complaciendo al Yo Joven y mejorando las relaciones interiores, tan necesarias para tu crecimiento y felicidad. Por supuesto, cumplir todos los deseos del Yo Joven podría ser inconveniente y peligroso. Debes decidir, como un grupo o una sociedad, qué es lo mejor, utilizando la madurez, la inteligencia y la previsión de tu Yo Hablante para equilibrar la espontaneidad y dirigir la energía de tu Yo Joven. Eventualmente, agregarás la sabiduría, el amor y el poder del Yo Superior a esta sociedad de trabajo.

Regresemos al Yo Joven por el momento. Muy pronto, tus esfuerzos para desarrollar las comunicaciones y la confianza comenzarán a «despejar la senda» de obstáculos como los malos entendidos, la indiferencia o la sospecha. A través del ritual y otros medios, aprenderás a comunicarte de una forma más clara y vívidamente con tu Yo Joven y a escucharle más cuidadosamente. Habrás descubierto un nuevo amigo en ti mismo.

Éste es un paso, sin embargo, el camino entre el Yo Joven y el Yo Superior aún debe ser aclarado. Esto puede ser difícil. El Yo Joven, como guardián de la memoria y fuente de los sentimientos, ha almacenado muchas emociones negativas que son obstáculos para la comunicación con el Yo Superior. Si un niño pequeño rompe un plato, por vergüenza se esconderá de sus padres. Su Yo Joven recuerda cada plato que ha roto, como cada pecado y todos los sentimientos de vergüenza, culpa, miedo o autodesprecio que sucedieron en esta vida y en las anteriores. Todo esto bloquea el camino al Yo Superior, no porque el Yo Joven sea muy «pecaminoso» o «impuro» para el Yo Superior, sino porque aquél se siente mal y, por lo tanto, no alcanza al Yo Superior.

¿Cómo se eliminan estos sentimientos? Primero, debes estar en contacto con ellos, identificarlos, conocer su forma, color e intensidad. Puedes aprender mucho a través del trabajo de trance y la adivinación, pero probablemente se necesite ayuda exterior –el consejo de un amigo, o la terapia con un consejero profesional– para ello. La hipnosis y la regresión de la edad pueden suministrar mucha información: son canales que conducen a los bancos de memoria del Yo Joven. Si tus comunicaciones conscientes con el Yo Joven son bastante claras, se podría preguntar simplemente en la meditación «¿qué me hace daño?». La respuesta puede llegar en forma de destellos de memoria o imágenes vívidas, o de sabores, olores o sensaciones físicas que den claves para los antiguos traumas.

Una vez sepas con qué estás tratando, entonces puedes empezar el equilibrio, la limpieza y la curación. Muchas de las viejas emociones negativas provienen de los errores de la infancia, algunos, de hechos más recientes que te hicieron sentir culpable o avergonzado y otros, de errores de las vidas anteriores. La clave es equilibrar las cosas, «equilibrar tu karma». Donde se ha robado, reponer; donde se ha roto, arreglar o remplazar; donde se ha herido, curar.

Si no puedes localizar a la persona implicada originalmente en un incidente (por ejemplo, si le robaste un juguete a un compañero de juego cuando tenía cinco años y ahora no tienes ni idea de dónde vive), entonces dirige tus acciones hacia un sustituto. Para el ejemplo del juguete, podrías comprar un juguete parecido y regalarlo a un niño necesitado en Navidad o para la Pascua. Antes de hacerlo, celebra un ritual colorido, con el juguete puesto en un lugar sobresaliente sobre el altar y demuestra vívidamente lo que planeas hacer y por qué. Cuando regales el juguete a un niño, hazlo personalmente y, si es posible, únete al juego junto con el regalo. Este tipo de inclusión tiene mucho más impacto en el Yo Joven que si envías simplemente un cheque por correo a una fundación para niños necesitados. Para finalizar este episodio particular, puedes contactar con el espíritu de tu compañero de juego original —en meditación, trance o en lo astral–, explicarle lo que has hecho y pedirle perdón. Éste te será concedido.

Además de equilibrar la balanza de tus propios errores, es muy útil redescubrir antiguos problemas si fuiste la parte ofendida, y buscar formas de perdonar a quienes te hicieron daño.

Continúa «despejando el camino» con más limpieza y purificación: baños rituales, ejercicios de limpieza del aura, fumigación (como se hace en algunas tradiciones americanas nativas), exudaciones ceremoniales en un pabellón o sauna y el ayuno con agua destilada, siempre y cuando tu médico o curandero esté de acuerdo. Los ritos de autoperdón y de autobendición son a menudo apropiados, así como lo es el uso frecuente de afirmaciones positivas.

Gradualmente, con el tiempo, los sentimientos negativos se disolverán y escaparán, dejando el camino libre para que las imágenes, el amor y la energía puedan fluir libremente entre el Yo Joven y el Yo Superior.

Esto nos deja, sin embargo, con uno de los tres pasos por despejar: el que existe entre el Yo Superior y el Yo Hablante. El Yo Superior impartirá gustosamente realización y bendiciones sobre tu persona, pero debes estar listo para recibirlas. Si tienes alguna duda sobre si las mereces o no, o crees que son imposibles, entonces ya has bloqueado el camino. Éste se puede abrir con autoestima y con la fe de que para ti todas las cosas son posibles.

Además, debes poder decir cuándo han llegado las bendiciones. ¡Es tan fácil verse envuelto en las dificultades de la vida, que nos olvidamos de las cosas realmente maravillosas que ocurren a nuestro alrededor! Además, sabemos que podemos recibir la esencia de lo que pedimos, pero en una forma que no esperábamos. El Yo Superior es más inteligente que la mente consciente y, a menudo, nos da lo que necesitamos, en lugar de darnos lo que hemos pedido con nuestros labios.

En tu magia, haz el mejor esfuerzo para pedir lo que es más inteligente y apropiado y después permanece alerta y abierto a su ocurrencia. Si ves con claridad, no te sentirás decepcionado. Debes estar listo para celebrar.

El matrimonio sagrado

La preparación continúa. ¿Qué más se puede hacer para convertirse en un mago –un agente de trasformación–? Los alquimistas saben que se debe celebrar el «matrimonio sagrado» interior; el hieros gamos. Esto significa la aceptación y la unión del yin y el yang, lunar y solar, alma y ánimo, o el llamado «femenino» y «masculino» interior. En la alquimia, esta unión se simboliza, bien con el Caduceo (un par de serpientes entrelazadas alrededor de un báculo central, utilizado ahora como un símbolo de la profesión médica, y por lo tanto, en teoría, sanativo) o bien con la Andrógina Sagrada, una figura representada como mitad femenina y mitad masculina.

En el libro *The Medice Woman (La curandera)*, se simboliza con la «canasta del matrimonio», la cual es el objeto de la búsqueda de Lynn Andrews. Agnes Whistling Elk lo describe como sigue: «... la canasta del matrimonio se concibió por los soñadores para simbolizar la unión entre los altos guerreros y las altas guerreras dentro del propio ser. Todas las mujeres van en busca de ese alto guerrero, lo más grandioso de los hombres, dentro de ellas. Lo buscamos durante toda nuestra vida. Si somos afortunadas, lo pedimos en nuestros sueños, nos apareamos con él y nos convertimos en un todo... Alcanza ese alto guerrero, que espera en la morada de la mujer. Abrázalo y libérate».

Los hombres, por supuesto, buscarán la «alta guerrera» interior. En cada caso, uno debe entender que esta parábola relaciona una experiencia emocional o espiritual interior y no cualquier clase de «búsqueda del príncipe azul» en el plano material. Las relaciones íntimas son vitales para tener una vida plena, pero quienes sólo buscan plenitud en una relación con otro y no dentro de sí mismos, están condenados a la decepción: «Si no encuentras adentro lo que buscas, nunca lo encontrarás afuera».

Aquí es donde mucha gente se equivoca: externalizan una búsqueda interior y le piden a otra persona que llene el vacío interior. Así, una mujer puede rehusarse a buscar su «alto guerrero» interior y buscar un hombre en su vida que lo sea. Cuando él no puede vivir de acuerdo con sus sueños e imagen ideal, la relación se deteriora. Si ella mirara primero adentro y aceptara y/o respetara y/o amara y/o expresara las cualidades de su propio «yang» (fortaleza, audacia, honestidad, acción decidida, etc.), entonces no necesitaría exigirle mucho a su compañero. Él sería libre de vivir sus conceptos de esas cualidades y de buscar y expresar las cualidades del «yin» dentro de él mismo.

Sin embargo, en este punto de la historia, los hombres pueden tener un momento más difícil con el matrimonio sagrado que las mujeres. El movimiento feminista ha ayudado a muchas mujeres a entender y a expresar sus cualidades de «yang» y se ha conseguido una cierta aceptación en la sociedad de mujeres fuertes y francas. Esto es apenas una oleada de admiración, pero existe algún estimulo. El movimiento de liberación masculino, por el contrario, parece estar rezagado muchos años. La mayoría de los hombres se sienten todavía molestos con los aspectos sensibles de crianza y receptivos propios de su naturaleza, porque tales cualidades parecen «afeminadas», a pesar de que se dan cuenta de manera consciente que John Wayne y Rambo son modelos que representan unos papeles irreales. No obstante, nadie puede abrirles camino a través de las barreras sociales y emocionales: cada hombre debe decidir si puede pagar el precio por convertirse en una persona íntegra.

Para una mayor información sobre estos conceptos, consulta los trabajos de C. G. Jung sobre el «alma» y «ánima», trabajos sobre alquimia y el libro *Androgyny* de June Singer.

En síntesis, en la medida en que te limites a los roles y estereotipos sexuales dictados por la sociedad, estarás lisiado mágicamente. Cuando honras y expresas todos tus aspectos positivos, sin importar lo que otros esperen, creces en sabiduría, amor y poder. Quizás no sea coincidencia que muchos magos y sacerdotes o sacerdotisas de las culturas chamánicas se hayan librado de los roles sexuales tribales y en sus atuendos y comportamiento expresen los atributos de ambos sexos.

Para ser un Ser Mágico, primero se debe ser íntegro. El matrimonio sagrado interior es un paso gigante hacia la integridad.

6

La magia y tu salud

Para el máximo desempeño en las artes mágicas se necesita salud física, mental y emocional y es esencial un sistema nervioso fuerte y sensitivo. Como explica Bonewits, «Básicamente, cada persona es una estación de radio ambulante, que emite y recibe longitudes de onda ultralargas del espectro de energía electromagnética estándar. Cualquier cosa que afecte al sistema nervioso humano modulará la emisión de ondas de radio y la eficacia de recepción de aquellas ondas emitidas por otros».

Por lo tanto, cualquier cosa que debilite tu sistema nervioso o, de hecho, cualquiera de tus sistemas, debilita tu magia. Un estilo de vida saludable implica una magia más fuerte. Existen al menos siete factores que contribuyen a la salud. Explorémoslos a continuación.

Comer bien

Es ideal que comas gran cantidad de frutas y vegetales cultivados orgánicamente, granos integrales, nueces, semillas y legumbres. Si puedes, cultiva tu propio huerto; atenderlo será una rica experiencia que te acercará a la tierra; también puedes asegurarte de que su producción es orgánica. Será una delicia cosechar tu propio huerto. Lo que no se pueda comer inmediatamente, lo puedes poner en el refrigerador o enlatarlo. El proceso de enlatado es un trabajo arduo, pero te garantiza un suministro de vegetales y frutas libres de productos químicos en el invierno; si invitas a sus amigos a una «fiesta de enlatado», puedes lograr que el trabajo parezca más fácil.

La forma de preparar tu comida es tan importante como aquello con lo que comience. Los granos y las legumbres alcanzan su mejor nivel nutricional si están germinados antes de molerlos o cocinarlos. Tu tienda o cooperativa de comida saludable más cercana puede tener folletos que expliquen este sencillo procedimiento.

Es mejor comer la mayoría de alimentos crudos, ligeramente al vapor, asados a bajas temperaturas o bien calentados en una cazuela a fuego lento. Si se cocinan los alimentos más de la cuenta (y hay quien dice que por encima de 200 °F –90 °C– es cocinar más de la cuenta), cambia la composición química y la comida queda a punto de convertirse en carbón, lo cual no es nutritivo en absoluto.

Comer menos carne podría ser un cambio muy saludable para la mayoría de la gente en la sociedad occidental. Muchas personas evitan la comida vegetariana porque nunca han encontrado buenas comidas vegetarianas. La sola palabra puede evocar imágenes de montones de blandos e indefinibles granos pulposos y vegetales cocidos, identificables solamente por su color, o bolas de habas blancas escurridizas coaguladas, flotando en una sopa sin sabor.

¡Esto, gracias a Dios, no tiene que ser así! La gente informada disfruta de delicias como:

* Ají picante enriquecido, acompañado de gruesas y crujientes rebanadas de pan integral casero, recién sacadas del horno.
* Cereal granola con nueces, dátiles, uvas pasas y avena tostada; endulzada suavemente con miel de flores silvestres y remojado con sidra de manzana.
* Vegetales apetitosos, ligeramente tostados y sofreídos en una salsa oriental saborizada y reposados sobre arroz moreno.
* Tajadas de banana-nuez o panecillos de maíz rellenos de nueces endulzados con miel.
* Tacos rellenos de habas, cebolla, guacamole, tomate, queso, hojas de lechuga y salsa picante…

Pero ¿qué pasa con los carnívoros? ¿Estoy sugiriendo que la magia y la carne no se llevan bien? No necesariamente; pero sí necesitamos comer de una forma más liviana para estar saludables, y la carne en todas las comidas no es una necesidad. Cuando se coma carne, es mejor que sea de fuentes silvestres u «orgánicas», magra y servida en poca cantidad o como un ingrediente menor en sopas y guisos. En general, los mariscos parecen ser la carne más saludable, seguida de las aves y finalmente la carne roja.

Aquí se presenta también un interés ético, así como un asunto de salud. Los activistas que defienden los derechos de los animales nos están ayudando a entender que muchos animales domésticos cuya carne consumimos son criados y sacrificados en cantidades ingentes, en condiciones inhumanas. Deberíamos preguntarnos si queremos mantener tales prácticas comprando continuamente carne de esas fuentes.

En una nota menos sensata, consideremos los condimentos. Muchos pueblos modernos están acostumbrados a obtener el sabor de sus alimentos de la sal, el azúcar o aditivos como el glutamato monosódico. Considera reentrenar tus gustos de forma que los sabores naturales de la comida sean suficientes, o utiliza condimentos como orégano, albahaca, pimentón y, por supuesto, ajo y cebollas. Para nosotros, los exadictos a la sal, existen hierbas saladas sustitutas, las cuales no contienen cloruro de sodio, aunque también deben utilizarse con moderación.

En cuanto a las bebidas, todos conocemos los indeseables efectos del azúcar y la cafeína y que el agua corriente se vuelve cada vez menos confiable a medida que se contaminan las aguas subterráneas. Por si fuera poco, algunos investigadores están sugiriendo que la leche de vaca es más adecuada para alimentar terneros que humanos. ¡Ni hablar! No es necesario que dejemos los líquidos, pero es más seguro tomar agua filtrada, té de hierbas, jugos de pura fruta y, ocasionalmente, bebidas endulzadas con fructosa «natural».

Ahora, muy poca gente en nuestra sociedad acostumbrada a comprar en los supermercados va a dejar completamente a un lado la comida y las bebidas procesadas. Sin embargo, la próxima vez que te encuentres tras ese carro grande de acero inoxidable detente a leer las etiqueta, y piensa. Tu carro no se tiene por qué parecer al que tienes delante, lleno de productos procesados, azucarados y con un alto contenido de cafeína. Antes de comprar, pregúntate lo siguiente: «¿Identificarían mis ancestros este producto como comida?», y después llena el carro con los alimentos más frescos y sencillos que puedas encontrar.

Cambiar tus hábitos de alimentación puede ser muy difícil, pero no tienes que cambiar todo de una sola vez. Fíjate en los peores ofensores de tu dieta acostumbrada y prescinde de uno de ellos cada vez. No remuevas simplemente cosas de tu vida, cambia a algo nuevo, saludable y delicioso. Lo puedes conseguir. Te sentirás mejor física y emocionalmente, tu familia y amigos se alegrarán y tu magia será más clara y poderosa cada vez que establezcas el círculo.

Aire puro

En tu mano está apoyar la legislación que defienda el aire puro y tratar de evitar áreas de contaminación de fábricas, tráfico de vehículos pesados y emanaciones de gas o químicos. Muchos de nosotros respiramos superficialmente, utilizando sólo nuestra parte superior de los pulmones, debido a una mala postura, a la tensión o a la ropa ajustada. Esto hace que el cerebro y el cuerpo permanezcan hambrientos de oxígeno. Echa a la basura los muebles que te obligan a sentarte como si fueras una galleta derretida, estira esos músculos rígidos, date un masaje o un baño caliente, ponte ropa holgada y… ¡respira!

La práctica de pranayama, el arte yoga de la respiración, también ayuda. Muchas técnicas de respiración te pueden ayudar a relajar, energizar y enfocar la concentración. Unos pocos minutos de práctica al día te expandirán los pulmones y harán cantar todo su sistema. En otra sección de este libro se dan un par de ejemplos: ¡ensáyalos!

Ejercicio periódico

Participa en ejercicios aeróbicos vigorosos que sean saludables para los pulmones y el sistema cardiovascular y que, además, contribuyan al estiramiento y masaje de glándulas y articulaciones.

Para tener una actividad vigorosa, no se necesita jugar al fútbol americano con los Chicago Bears ni correr doce millas todos los días. Caminar, nadar o jugar al voléibol o fútbol en un equipo local es muy benéfico. Mucha gente ha intentado correr, pero lo encuentra demasiado enérgico; la marcha es una alternativa que está recibiendo muy buena acogida, puesto que combina lo mejor de caminar y correr.

Una maravillosa actividad de estiramiento es el yoga hatha. En el pasado, muchas personas se desanimaban por la terminología sánscrita, las connotaciones religiosas exóticas y las fotos en blanco y negro de hombres demacrados en posturas retorcidas: «Swami Skinanbonananda muestra la torcedura inversa de la espina dorsal con su lengua enredada alrededor de su tobillo». Pero ahora se ofrecen libros y clases simplificadas, los cuales enseñan posturas más fáciles de entender para los occidentales. Básicamente, el yoga hatha consiste en posturas y movimientos de estiramiento y tensión combinadas con técnicas de respiración, las cuales se pueden utilizar en un contexto espiritual o simplemente para mejorar la salud.

Algunos de los ejercicios y el calentamiento proporcionados por las artes marciales son excelentes; yo recomiendo especialmente explorar el T'ai Ch'i y el Aikido. Además, muchas clases de danzas brindan un gran estado físico. En muchas regiones se ofrecen clases de danza folclórica y ballet.

No obstante, tratar de mantener un programa de ejercicios en solitario puede ser aburrido y difícil. Si la autodisciplina individual es un reto, puede que necesites participar en un grupo o clase, o contratar a un amigo o un miembro de la familia para jugar, practicar o ejercitarte regularmente. Es mucho más divertido si se tiene compañía, y es mucho más fácil continuar motivado.

¿Cuánto tiempo debes practicar ejercicio al día? La mayoría de la gente debe comenzar con un esfuerzo modesto, como quince minutos diarios e ir aumentando a media hora diaria o más, con prácticas más prolongadas al menos dos veces a la semana.

Ropa de fibra natural

Elige ropa de algodón, lana y/o rayón. La piel es el órgano más grande del cuerpo y necesita respirar. Las compañías de venta por correo como Lands' End y Deva se especializan en ropa de fibra natural. En algunos aspectos, este tipo de ropas requieren más cuidado que las sintéticas aunque vale la pena el esfuerzo por la salud y la comodidad que ofrecen. Las telas orgánicas y biodegradables algún día volverán a llenar la tierra, en vez de permanecer durante milenios como reliquias inútiles de la industria del petróleo.

Si eliges vestir ropa sintética, adquiérela para ocasiones especiales, que sea lo más holgada posible y siempre sobre capas interiores de fibras naturales. Para que la ropa diaria sea benigna con tu piel y todo lo de dentro, utiliza tela natural.

Sueño tranquilo

Todos los factores mencionados anteriormente te ayudarán a dormir mejor; y no escatimes en el número de horas que tu cuerpo necesita cada noche para descansar. Además, procura sacar tiempo y contar con un espacio cómodo para las siestas en la tarde, si lo requieres. Yo sé que esto es un tremendo desafío para la mayoría de las personas con horarios apretados, pero debe considerarse seriamente. En verdad, es un falso ahorro presionarse tanto para funcionar eficazmente cuando se está demasiado cansado.

¿Y si se tienen problemas para conciliar el sueño? Primero, examina tu dieta. ¿Tomas comidas, grandes bocadillos, postres azucarados o bebidas con cafeína tarde de noche y poco antes de ir a la cama? Si es así, cena más temprano y de forma más ligera. Cambia los bocadillos por frutas: son más fáciles de digerir y, más que obstruir el organismo, lo limpian.

¿Tu habitación está mal ventilada? ¿Te sientas frente al televisor toda la noche? ¿Tu ropa de dormir está confeccionada con tela sintética incómoda? Las soluciones son obvias.

O acaso ¿existe un problema en tu vida personal o profesional que te perturba? ¿Te revuelves y das vueltas porque no puedes sacar el problema de la mente? Haz un trato con tu mente profunda, decide hacer algo constructivo al respecto y después duerme. Levántate y haz algo de magia, o escribe una carta o busca un consejero en las Páginas Amarillas y decídete a llamarlo en cuanto te levantes. Luego, deje que el problema se resuelva. Los japoneses, cuando reciben una adivinación desfavorable en el templo, la cuelgan en un «árbol de problemas» en el patio del templo para que los dioses se encarguen de ella. Puedes visualizar el problema simplemente colocándolo en el regazo de la Diosa. Ella seguramente puede manejarlo –lo que quiere decir que tú también puedes– y, cuando te encuentres en armonía con Ella, el universo entero te ayudará. Habiendo hecho estas cosas, es mejor enfocar tu atención en un proyecto que no tenga nada que ver con esto y trabajar en él hasta que te sienta adormecido.

Otros remedios para el insomnio incluyen dar una caminata nocturna, música reconfortante, un baño tibio, grabaciones subliminales con mensajes apropiados, una infusión caliente de menta o un té de manzanilla, recibir un masaje de un compañero o amigo, autohipnosis, flores de Bach, hacer el amor, relajación progresiva de cada grupo muscular o una combinación de los anteriores.

Quizás la más grande ayuda de todas, al fin y al cabo, es asegurarse de tener suficiente actividad y ejercicio físico en tu vida diaria. Esto te permitirá tener un cuerpo más relajado y una perspectiva emocional más animada y serena.

Luz natural

Una dosis diaria de luz solar ayuda al cuerpo a crear vitaminas necesarias; y la luz de la luna natural puede regular el ciclo menstrual. En los espacios interiores, utiliza luces incandescentes o *grolights* equilibradas, nunca fluorescentes ordinarias.

También es muy posible que se abuse de la luz del sol: hay una evidencia creciente de que una exposición excesiva daña la piel y puede incluso causar el cáncer de piel.

Los surfeadores bronceados y los residentes de la playa de hoy pueden pagar un terrible precio en un futuro, especialmente si la capa de ozono continúa deteriorándose y quedamos expuestos a formas de intensa radiación solar que no podamos manejar.

Busca el equilibrio y usa el sentido común. Durante el verano, probablemente tendrás gran cantidad de luz natural sin proponértelo. Si vive en áreas del norte, donde los inviernos son prolongados y oscuros, tendrás que hacer un esfuerzo especial para obtener suficiente luz solar. En ese tiempo, la carencia de luz solar puede afectar a tu salud y equilibrio emocional. Los científicos han sugerido que la alta tasa de suicidios en algunos países escandinavos puede deberse a la depresión causada por la deficiencia de vitaminas, la cual tendría su origen a su vez en la escasez de luz natural. Así que, cuando los días de invierno sean más cortos, es importante pasar la mayor cantidad de tiempo posible al aire libre, ¡al menos media hora al día!

Tampoco escatimes la iluminación interior. Si el día está frío y oscuro, equilibra esta situación con un resplandor de luz cálida en el interior. Si te preocupa la factura de la luz, pregúntate si preferirías sentarse en la oscuridad con una lucecita encendida o desconectar algunos de los aparatos y artefactos debido al incremento de luz.

Así como la luz es importante, también lo es en algunas ocasiones la oscuridad real. Cuando se duerme, las luces artificiales, incluidas las pequeñas luces de la noche, afectan al ciclo menstrual natural. Desde un punto de vista espiritual, hacerse amigo de la noche contrarresta y cura la polaridad moral disparatada de nuestra cultura, la cual establece la ecuación:

* *Bueno:* Luz, actividad, complejidad, cualidades masculinas, etc.
* *Malo:* Oscuridad, tranquilidad, simplicidad, cualidades femeninas, etc.

Existe un dicho: «Las brujas no le temen a la oscuridad». Bueno, algunas sí; pero la mayoría de las brujas y de otros magos enfrentan su miedo y trabajan con éste, hasta que encuentran la belleza y la paz que se encuentran tanto en la oscuridad como en la luz.

Amor

Numerosos estudios han demostrado que el amor es necesario para la salud, ya proceda de la familia, amigos, amantes o mascotas. Crear y mantener las relaciones amorosas es un tema que ha llenado muchos libros y que no se va a tocar aquí con gran profundidad. Sin embargo, compartiré algunas ideas que pueden resultar útiles.

Las relaciones comienzan con auténtica curiosidad y sinceridad: cultívalas. Si aprecias realmente a las personas, si crees que cada ser humano tiene alguna cualidad valiosa de mente, corazón o espíritu para compartir, la cual te enseñará algo y si trata de lograrla, entonces las relaciones serán inevitables. Éstas empiezan con pequeños detalles: sonriendo a la gente, saludando, sosteniendo pequeñas charlas en una cola o en el trabajo, haciendo preguntas. Esto no es muy difícil.

Encuentra placer concediendo tiempo, energía, habilidades y consideración. Después lo puedes hacer libremente y crear una espiral ascendente de participación. Si das de mala gana y llevas un libro de cuentas en la cabeza para asegurarte de no dar más de lo que recibes, entonces, de alguna manera, te encontrarás en una espiral descendente de impedimentos.

Siente placer al recibir. Algunos de nosotros siempre queremos ser el gran Proveedor, la madre auxiliadora del mundo y algunas veces esto se hace por miedo e inseguridad. Abre tu corazón a los regalos de otros; reconócelos, saboréalos y aprécialos. Crear participación en lugar de dependencia también es un regalo.

No busques suplir todas las necesidades en una persona. Acéptala y disfrútala por lo que es y por lo que pueda aportar voluntariamente a tu relación. Lo que no pueda dar, búscalo en tu interior o en otra parte.

Si vas a amar a alguien, ámalo por lo que es, no por aquello en lo que quisieras que se convirtiera. Incentiva, apoya y celebra los cambios y crecimiento positivos en tus seres queridos, pero nunca se los exijas.

Muestra respeto. Nunca critiques o desestimes a tus seres queridos ante otros, ni siquiera «en broma». Debes mostrarte cortés, aun en medio de un incendio. La mayoría de las personas se aprovechan de la cercanía y vulnerabilidad de aquellos que aman, y se comportan con ellos de forma en la que ni siquiera lo harían con un extraño: nuestras familias y amigos merecen al menos la misma honra, respeto y cortesía que mostramos a los demás.

Comunícate. Explica claramente lo que quieres o necesitas, pero sin exigir, amenazar o esperar. Nunca contengas tus pensamientos o sentimientos por miedo. Afronta las suposiciones, especialmente las negativas. Expresa tus problemas.

Al mismo tiempo, no les pidas a los amigos y familiares que sean tus terapeutas. Si estás sufriendo algún problema emocional, dales un descanso y busque ayuda profesional. Por supuesto que los seres queridos estarán ahí a tu lado en una crisis, pero día tras día debes darles la parte mejor y más fuerte de tu persona, no una cesta llena de problemas.

Nunca dejes que los problemas se prolonguen, a menos que estés demasiado cansado, estresado o distraído para poner energía positiva a una solución en ese momento. Resuelve las cosas lo más pronto posible. La gente inteligente dice: «Nunca dejes que el sol se oculte en una discusión».

Olvida. Las personas a quien amas, las que te aman, son seres humanos haciendo lo mejor que pueden. Ellos se equivocan ocasionalmente y se vuelven insensatos, insensibles e incluso crueles. Estos errores no niegan sus cualidades buenas, las razones por las que los amas, en primer lugar. No es necesario sufrir «las duras y las maduras» en silencio; señala los errores, explica los efectos que tienen en ti lo que sucede, cuenta tus necesidades y preferencias, entonces, podrás arrojar el tema de tu mente y de tu corazón. Perdona. Concéntrate nuevamente en las cosas buenas. Con esto no se está diciendo que debes aceptar seguir un comportamiento abusivo o peligroso; si hay un patrón de daño, busca ayuda profesional o abandona la relación. Sólo tú puedes trazar la línea entre las tonterías humanas ocasionales y los hábitos destructivos.

Mira el interior. «Si lo que buscas no lo encuentras en ti mismo, nunca lo encontrarás fuera». Este juicio es de *La carga de la Diosa.* Trabaja para apreciarte y respetarte y eso se reflejará en todas las relaciones. Helen Reddy canta: «Soy la mejor amiga de mí misma. Soy más amable conmigo misma que con cualquiera que conozca». Haz lo mismo.

Todos necesitamos amor, con lo cual quiero decir relaciones atentas e íntimas emocionalmente (el sexo es bello también, pero no es el ingrediente más esencial). Y todos podemos encontrar amor. Si no has tenido suficiente, regala un poco y lo tendrás por triplicado.

Resumen

Desafortunadamente, algunos aspirantes a magos llegan a estar tan inmersos en los aspectos metafísicos, intelectuales o psíquicos de la magia, que descuidan asuntos «mundanos» básicos como mantenerse saludables.

Cuando busques profesores, inclínate por aquellos que trabajan en la salud. Esto no significa que un mago tenga que ser el señor Arterias Limpias o la señorita Higiene Oral para comunicar algo de valor, incluso los grandes magos tienen retos personales de salud con los que deben luchar. Pero ellos deben ser conscientes de esto y trabajar esos aspectos, de lo contrario habrá algo más erróneo.

La gente cuyo nivel sanguíneo de azúcar rebosa por todas partes, quienes están llenos de adicciones y antojos, o que están adoloridos, fatigados o deshidratados, no están en buena condición para ser receptores, catalizadores o canalizadores de poder. Pueden trabajar la magia, pero seguramente no estarán trabajando la mejor magia de la que son capaces: cualquier cosa que debilite el sistema nervioso, debilita la magia. Por ejemplo, las adicciones a sustancias insalubres –alcohol, tabaco, azúcar, chocolate, marihuana, drogas «duras», etc.– puede interferir en tu sensibilidad Joven, y tu «Yo Superior». Un practicante inteligente dijo una vez: «Los adeptos utilizan todo pero no son dependientes de nada».

El hecho es que un cuerpo limpio, fuerte y saludable y una mente clara son físicamente más sensitivos, están más armonizados con las corrientes de poder de la naturaleza y tienen un juzgamiento más inteligente y más equilibrado al escoger sus objetivos y sus técnicas de magia. Son, ante todo, autocuranderos y esta constante concentración en su propia salud y curación los hace ser mejores magos, más aptos, más dispuestos, más capaces para hacer cualquier cosa que se propongan, incluida la magia.

7

Tu preparación continúa

Si has trabajado arduamente en los puntos definidos en el capítulo anterior, ya te has trasformado y has evolucionado a un nuevo nivel del ser. Has aceptado la responsabilidad de tu vida, has encontrado tu centro, te has vuelto más saludable, has aprendido a purificar tu aura, has abierto nuevos canales de comunicación dentro de ti y has conectado tus propias polaridades, produciendo un fuego creativo. Pero aún hay más.

La pirámide de la magia

De acuerdo con Clifford Bias en *The Ritual Book of Magic (El libro de la magia ritual),* «el Mago, el Teurgista, el verdadero Brujo permanece en una pirámide de poder, *cuya base es un profundo conocimiento de lo oculto,* cuyos cuatro lados son *una imaginación creativa, una voluntad de acero, una fe viviente y la habilidad para permanecer en silencio,* y cuya estructura interna es *amor».*

Exploremos cada punto. Tu conocimiento puede provenir de muchas fuentes, pero una de las más deseables es un profesor o profesores éticos y experimentados. Busca aquellos que han usado la magia exitosamente para su propio desarrollo espiritual, cuyas luces interiores brillan como faros. Un profesor ético nunca pedirá dinero por enseñar en una congregación o como un aprendiz, es decir, en un contexto de crecimiento espiritual. Sin embargo, generalmente se considera aceptable cobrar honorarios por impartir talleres públicos sobre habilidades como la lectura del tarot, o por consejo terapéutico, o en las instalaciones de una academia donde los honorarios cubren los gastos de servicios y materiales. En todo caso, cuando no se cobran los honorarios, es conveniente que el estudiante ofrezca energía o habilidades al profesor para «equilibrar la balanza».

Un profesor ético nunca exigirá favores sexuales o que hacer algo que no se considere ético a cambio de la enseñanza. Un profesor estará seguro sin ser jactancioso o egocéntrico; será considerado contigo, sin ser dominante o entrometido; y exigirá trabajo arduo y autodisciplina, pero no servilismo (estas cuestiones serán discutidas con más detalle en el capítulo 10). Muchos excelentes profesores no se pueden considerar magos; pueden ser individuos devotos de muchas sendas espirituales, o profesores de temas «mundanos» que ellos manifiestan como mágicos, o conductores de camión, camareras o guardabosques.

El conocimiento puede proceder de los libros. Aquí las consignas son precaución y discriminación, ya que existe una gran cantidad de basura publicada sobre el tema de la magia. Los «libros de recetas» de hechizos y conjuros son de poco uso, hasta que entiendas cómo funciona la magia y hayas desarrollado habilidades básicas tales como visualización, concentración y canalización de energía; evita sobre todo cualquier libro que ofrezca hechizos para dominar y manipular a otros. En la lista de libros recomendados en el Apéndice se señalan algunos buenos textos para principiantes.

El conocimiento proviene de la Naturaleza. En los bosques, en los campos o en las playas solitarias se puede descubrir una gran paz y sabiduría. Se debe permanecer abierto, receptivo, observador y sensitivo para aprender, ya que sus secretos no se encuentran en las palabras. La recompensa son tesoros espirituales incalculables. Como un brujo rural lo expresa en un disco pagano popular, todos los tomos de una biblioteca oculta «no equivalen a un acre de verde».

El conocimiento proviene de la gente observadora que ha encontrado el amor, la sabiduría, la realización y el poder personal. Observa cómo viven, cómo responden a la vida. Habla con ellos, pero pon más atención en sus vidas que en sus palabras. Mucha gente «mágica» no puede explicar con palabras qué es lo que les ha funcionado.

El conocimiento puede provenir de… ti. Tus sueños, tus visiones, tu intuición o «campana interna», tu sabiduría profundamente enterrada y almacenada en las vidas pasadas, todo es digno de atención. Confía en ti; no necesariamente en el Yo que está malhumorado porque le duele el pie, o que está nervioso a causa de tanta cafeína, sino en el calmado, inteligente y amable Yo que se encuentra detrás de su fachada externa. Tú conoces la diferencia.

El conocimiento proviene de la experiencia de practicar la magia poco a poco, empezando con cosas simples y prestando cuidadosa atención a los resultados y a los sentimientos cuando lo hagas.

La fe es un lado de la pirámide: «una fe, firme como roca, en sus propios poderes y en la operabilidad de su hechizo», como dice Paul Huson. Debemos expresar la fe «en sus propios poderes y en la realidad de la magia». Construir esto lleva tiempo y experiencia. Con sólo que puedas mantener una mente abierta al comienzo, lo estarás haciendo bien. A medida que progreses, celebra y registra los éxitos, y busca las causas de los fracasos, sin culparte o desanimarte. Esto a menudo alienta la fe en leer acerca de los magos actuales y pasados quienes han logrado resultados notables. ¡Tú puedes hacer lo mismo!

Como parte de un programa para desarrollar la fe en uno mismo, Huson sugiere que «nunca debes faltar a tu palabra. Si piensas que no vas a poder cumplir una promesa, no la hagas, aun si existe una remota posibilidad de que no podrás cumplirla. Estás tratando de cultivar un estado mental en absoluta concordancia con la naturaleza de las cosas, según la cual lo que se diga, se hace realidad. Todas y cada una de las veces que rompas tu palabra estás quebrantando un poco de, fe en ti mismo…».

La imaginación es otro lado de la pirámide. Si no puedes imaginar claramente los objetivos que pretendes alcanzar a través de la magia, no esperes alcanzarlos. Para expresarlo de otra forma, «si no sabes hacia dónde vas, probablemente acabarás en cualquier parte». Debes estar capacitado para experimentar vívidamente el objetivo en tu mente y sentir la imagen, el sonido, el olor, el gusto y el tacto de éste. Además, debes poder imaginar los pasos que te llevarán a él, tanto dentro del círculo como en el nivel mundano.

Existen muchos ejercicios que pueden contribuir a desarrollar la imaginación. Por ejemplo, cuando leas un pasaje descriptivo en una novela, no saltes páginas hasta llegar a la escena de alcoba. Detente y trate de crear en tu mente el ambiente descrito. Experimenta cada detalle que el autor describe y después *añádele* detalles propios. *Entonces sí,* pasa a la escena de alcoba e imagínatela en detalle.

O, la próxima vez que te acontezca algún suceso particular y vivas una experiencia memorable –una comida de gastrónomo, nadar bajo la luz de la luna, acariciar a un recién nacido– tómate algo de tiempo inmediatamente después para vivirlo de nuevo con todos los detalles e intensidad de que seas capaz. Después, escribe sobre ello en tu diario, nuevamente y con todo lujo de detalles.

La voluntad es el tercer lado de la pirámide. «Cultivar tu voluntad mágica significa que, en primer lugar, debes saber lo que quieres...», escribe Huson. Esto significa, lo que realmente quieres y lo que anhelas apasionadamente, con todo tu corazón. Ésta es tu voluntad verdadera, no tus caprichos o deseos insignificantes. La magia funciona mejor en las cosas que realmente te interesan, debido a que la intensidad de las necesidades las hace mucho más fáciles de imaginar y de obtener poder para ellas.

«¿Eres un individuo de voluntad débil? *Fortalece tu voluntad.* ¿Eres una persona de voluntad fuerte? *Fortalécela aún más.* La voluntad se fortalece siendo consciente de ella, conociéndola, viéndola, ejercitándola, buscando constantemente hacerla más definida, incisiva y firme.

«¿Y las promesas hechas casualmente o sólo por ser cortés…? Decídete: *a partir de este preciso momento nunca harás una promesa que no pienses cumplir…* cualquier cosa que digas, "la voy a hacer", *¡eso harás!* Pase lo que pase, *¡cumplirás tu palabra!*».

Estas palabras de Clifford Bias en *The Ritual Book of Magic* recuerdan aquella discusión acerca de mantener la palabra y desarrollar la fe en uno mismo; y, por supuesto, todas las cualidades de la pirámide están conectadas.

Comienza por medir tus palabras. Cuando digas que va a hacer algo, hazlo inmediatamente si es posible. Proponte un objetivo pequeño y llévalo a cabo rápida y decididamente. Entonces, felicítate y considera cómo te has sentido al hacerlo. Y «adopta la cualidad, si no la tienes» –practica el hecho de mantenerte en una forma autoconfiada y hablar con fortaleza y decisión–. Tu Yo Joven observará y aprenderá.

Ahora hemos llegado al cuarto lado de la pirámide: la habilidad de permanecer callado. La discreción y el poder contenerse son las claves: la palabrería insensata agota el poder. Como lo expresa elegantemente Bias, «El verdadero mago no tiene la compulsión de alardear de sus distintivos mágicos ante los no iniciados o de gritar pontificalmente sobre la "Conciencia Cósmica", ni tiene la necesidad de abordar a la gente en las fiestas, murmurando misteriosamente acerca de asistir a una Misa Negra». No que asista a Misas-Negras (afortunadamente), sino que el principio se aplica al trabajo de la magia de la misma forma. Hablar de esto con alguien que no sea una hermana o un compañero adepto, simplemente invita a la incredulidad, si no al hostigamiento abierto.

Otro nivel de significado es éste: un mago debe poder mantenerse callado, tranquilizarse interna y externamente, para volverse sensitivo y receptivo a muchas señales en éste y en otros planos: corrientes de poder psíquico, sombras de emoción, la presencia de espíritus invisibles. La personalidad recia y ocupada se perderá todo esto y cometerá torpezas en los rituales, ignorando lo que está ocurriendo a su alrededor y en su interior.

La estructura interna de la pirámide es amor. La magia motivada por amor cura viejos dolores, estimula el crecimiento y facilita las transiciones. La magia motivada por el miedo, la ambición, el odio, etc. puede solamente envenenar o hacer daño a la magia. Recuerda también que la magia depende de las conexiones entre todas las cosas (el tejido de Indra) para su efectividad. El amor reconoce y aprecia las conexiones, el odio las repudia; ésta es otra razón por la que la magia del amor simplemente funciona mejor. Por este motivo, al diseñar los rituales y trabajar la magia, busca siempre una forma de enfocar un objetivo con amor. Por ejemplo: supón que una corriente de agua pasa por tu casa y una fábrica comienza a amontonar contaminantes en ella corriente arriba. Tal vez, tu primera reacción sea enojarse con los directores de la fábrica y te veas tentado a fustigarlos con magia. ¡No lo hagas! Te harás daño sin lograr instruirlos o detener la contaminación. En lugar de esto, enfoca tu amor en la corriente y en la claridad y belleza que tenía y que tendrá. Diseña un poderoso ritual de protección, invocando el espíritu de la corriente, los Guardianes de las Atalayas del Occidente y todas las Diosas y Dioses del agua, dentro y fuera. Entonces, actúa en concordancia, y habla con los oficiales de la fábrica y, si es necesario, organiza a los vecinos y atrae los recursos de los grupos ecológicos.

¿Cuál debe ser tu actitud hacia la gente de la fábrica? Deja a un lado el odio. Primero, porque está mal dirigido: si realmente odias algo, es su ignorancia y su ambición desconsiderada, las cuales son manifestaciones pasajeras de sus personalidades exteriores. No se odia en sí a las personas, es decir, a los espíritus radiantes y eternos que hay dentro de ellas. Si un niño derrama una taza de jugo, a ti podrá no gustarte el desorden, pero seguirás amando al niño.

En segundo lugar, se debe hacer caso omiso del odio, debido a que cualquier emoción fuerte fortalece sus lazos psíquicos con el objeto en cuestión y, presumiblemente, tú no desearás establecer cadenas kármicas duraderas con los directores de la fábrica, o tener más problemas con ellos, más allá de lo que la situación inmediata lo requiera. Por lo tanto, rechaza la contaminación sin odiar a los contaminadores. Dile a tus Yo, «acepto ahora un medio ambiente puro y echo fuera de mi vida la contaminación: como lo deseo, así sea». Entonces con gran poder e intención, de la misma forma que la Madre Diosa o el Padre Dios corrige firme y amorosamente a un niño equivocado, haz lo que sea necesario para corregir la situación «sin perjudicar a nadie y para el más grandioso bien de todos».

Aprender a obtener y a canalizar el poder

La obtención de poder no es fácil en esta sociedad. Desde épocas primitivas nos han enseñado que el poder está «ahí afuera», no dentro de nosotros. En comparación con las corporaciones gigantes, el poder militar de los gobiernos, los tentáculos exigentes de las enormes burocracias y la autoconfianza de las grandes iglesias, una persona, de hecho, parece insignificante.

No obstante, reflexiona: todas esas grandes organizaciones fueron creadas y son manejadas por personas individuales como tú. Gente que suda, eructa, comete errores estúpidos y se sienten ridículos sin su ropa puesta. Gente. La única diferencia relevante aquí es que los líderes y los ejecutivos tienen un sentido de su propio poder y lo utilizan.

Con el tiempo comprenderás, si no lo has hecho ya, que el poder está dentro de ti, todo el poder que pudiste necesitar alguna vez. Aprender que lo tienes y aprender a utilizarlo es como ejercitar los músculos débiles y flácidos.

Comienza con retos pequeños, practica frecuentemente, exígete más a medida que crece tu fortaleza; un día, logrará cosas en las cuales apenas puede soñar hoy.

Obtener poder exige intensidad emocional. Como se indicó anteriormente, existe energía disponible para objetivos que sientes fuertemente y para las necesidades y deseos apasionados. Los sentimientos tibios no sirven. Involúcrate en los sentimientos entrañables que te hacen anhelar, llorar, exclamar y estremecerte. Esto no será fácil para ti si eres un anglosajón blanco de clase media a quien se le ha enseñado que las emociones fuertes son sucias y socialmente inapropiadas. Si vas a cambiar tu mundo y a ti, debes vencer las dificultades de tu condicionamiento, encontrar la llama en tu corazón y el fuego en tu vientre. Permítete sentir. Si es necesario, abre las compuertas reviviendo las tragedias y triunfos de tu vida y los eventos que te llevaron a la aflicción o al regocijo.

Recordar y revivir puede ayudar a obtener poder. Obtén más poder tamborileando, zumbando, aplaudiendo, martillando, respirando, cantando, danzando o con cualquier método activo del que puedas disponer. Deja que los sentimientos fluyan libres; deja que el poder surja a través de ti. Visualiza tu objetivo y experiméntelo real y ejecutado. Lo has de ver, escuchar, tocar, oler, degustar. Sabrás cuándo la energía llegará a su máximo punto; en ese instante; *libérala en la realidad* que has creado en tu mente.

Desde el principio hasta el fin recuerda atraer el poder de la tierra, el sol, la luna y otras fuentes naturales. Debes ser un canal abierto a la energía. Si permaneces cerrado, entonces utilizarás sólo la energía de tus propias reservas, y de esta forma te agotarás rápidamente.

La energía puede ser liberada directamente en la imagen mental de tu objetivo o en un objeto psíquico llamado «testigo» o «eslabón objeto». Por ejemplo, si estás ejecutando un trabajo de curación (solamente con el permiso de la persona herida o enferma, por supuesto), debes utilizar una fotografía del individuo en cuestión o un rizo de su cabello. Visualiza la persona en su totalidad y saludable, obtén el poder y canalízalo a través del cabello o la foto.

Si estás trabajando para obtener tierra para un hogar, debes utilizar una foto o tierra del lugar, o incluso un dibujo o pintura. Si estás trabajando a fondo y no tienes una forma u objeto particular en mente, entonces hazte un retrato disfrutando de una actividad asociada con este objetivo –caminando en la tierra, construyendo una casa, arreglando el jardín– y no utilices un testigo.

Después de que hayas obtenido y enviado el poder, probablemente te sentirás excitado, como si estuvieras vibrando. Esto sucede debido a que algo de energía extra está circulando todavía a través de tu sistema nervioso. Siéntate o acuéstate, descansa silenciosamente y deja que el exceso de poder se consuma en la tierra a través de la piel, y especialmente de las manos. Puede ayudar el hecho de sujetar una roca grande y áspera en las manos: puedes sostenerla en el regazo y canalizar la energía hacia ella hasta que te sientas equilibrado nuevamente. Luego, deja la roca al aire libre sobre la tierra para que se descargue.

Si tienes animales en casa, éstos pueden tener reacciones fuertes a las inusuales cantidades de energía que se desprenden del ritual. Dependiendo de la naturaleza de la energía y de las necesidades individuales del animal, éste puede esconderse o querer acomodarse cerca. Si se esconde, concéntrate en la energía que ha obtenido y canalizado para asegurarte perfectamente de que es energía positiva. Por supuesto, un animal puede huir incluso ante energía muy positiva si ésta simplemente es demasiado intensa para que su sistema nervioso la maneje cómodamente. Si tu mascota está claramente trastornada, deberás ponerla en otra parte de la casa, o al aire libre (si estás en el interior), o en la casa de un amigo, mientras ejecutas el trabajo.

Si el animal quiere acercarse cariñosamente, deberás alejarlo por un momento. Nunca canalices energía hacia un animal, a menos que seas un curandero muy sensible, ya que el influjo repentino puede trastornar su campo de energía y hacer más daño que ayudar.

Si tienes peces, aves enjauladas u otros animales atrapados, pon un cristal de cuarzo grande o coloca varios pequeños entre el círculo y el hábitat del animal para interceptar y filtrar las energías.

Aquí se da un ejercicio preliminar que te ayudará a aprender a manejar las energías psíquicas. Siéntate cómodamente, del todo relajado. Practica una respiración abdominal profunda; con cada inhalación, atrae energía de la tierra. Con cada exhalación, envía la energía hacia debajo desde los brazos a las manos. Siente las manos hormigueando debido al poder. Si te resulta de ayuda, tararea mientras trasmites la energía a las manos. Ahora, ponlas en forma de taza, respirando aún la energía, y forma una bola de energía dentro de ellas. Esto lo puedes ver con el ojo de tu mente como una bola de luz verde resplandeciente. Juega con la bola: expándela, comprímela, estírala, divídela en dos.

Si un amigo está haciendo el ejercicio contigo, pasaos las bolas. Pon la energía de nuevo en tus manos y luego mantén tus palmas cerca de las de tu amigo y acércalas y aléjalas, sintiendo la profundidad y la intensidad del campo de energía. Cuando lo hayas hecho, «entierra» la energía colocando las palmas sobre la tierra.

Al igual que con otros ejercicios que involucran respiración profunda, si empiezas a hiperventilar y a sentirte mareado, interrumpe el ejercicio y ponla cabeza hacia abajo. La próxima vez que lo intentes, no respires tan profundamente.

Escoger un nombre mágico

Cuando estableces el círculo «en un lugar entre los mundos, en un tiempo fuera del tiempo», te conviertes en una persona diferente. Durante el tiempo que dura esa experiencia, dejas a un lado tu personalidad habitual y te conviertes en un trabajador de la magia.

Algunos magos prefieren reconocer y mejorar este cambio a conciencia, adoptando un nuevo nombre para utilizarlo sólo durante el ritual o entre otras personas mágicas.

Asumir un nuevo nombre es un mensaje para tu Yo Joven o Mente Profunda de que has asumido una nueva faceta de ti mismo. Ser llamado por este nombre es una señal de que te convertirás en esa persona y llevarás a cabo los preparativos internos necesarios para trabajar la magia.

Ésta no es una práctica universal entre los magos. El Alto Sacerdote que me inició utilizaba el nombre de «Dave» en el círculo y fuera de él. Muchos magos prefieren no tener una distinción bien definida entre sus personalidades mundanas y mágicas, argumentando que es más difícil incorporar la magia en su vida diaria si esa diferencia está muy acentuada.

Debes decidir si un nombre nuevo adicional te ayudará o te impedirá el crecimiento mágico. Si estás indeciso, te recomiendo que lo experimentes. Al decidir intentarlo, puedes elegir un nombre que describa y enfatice tus fortalezas actuales, o un nombre que represente cualidades en las que te gustaría crecer.

Si eres enérgico, ambicioso y entusiasta y quieres que tu nombre refleje eso, podrías escoger uno asociado con el elemento Fuego, el cual corresponde a esas cualidades. Un hombre puede elegir el nombre de un Dios del Fuego como Agni (hindú), Hephaestus (griego) o Helios (romano). Una mujer se puede decidir por Vesta (romano), Brígida (teutónico/celta) o Bast (egipcio).

Otras alternativas pueden ser nombres de hierbas ardientes, tales como Canela, Pimentón o Jengibre. Otros nombres todavía más directos son Llama, Antorcha, Brasa o Niedfyr. Los nombres de animales relacionados podrían ser Salamandra, Lengua de Dragón y Yegua Roja. Si expresas muy poca energía de fuego en la vida, deberías escoger un nombre de fuego para resaltar más ese aspecto de tu personalidad. Mucha gente necesita gran cantidad de meditación y, tal vez, de lectura antes de que salga a la luz el nombre perfecto. Yo debo haber pensado acerca de cientos de posibilidades antes de escoger «Amber» (Ámbar, en español), ya que parece luz del Sol y una combinación de Tierra (la sangre de vida de un árbol) y Fuego (la luz del Sol que le dio al árbol energía para vivir). Esto sucedió antes de que «Amber» se convirtiera en un nombre popular; y pocos meses después de escogerlo, me conmocioné al enterarme de que había otra Bruja llamada Amber que vivía a sólo 2.000 millas. Así que escogí «K» como un apellido, debido a que me gustaba esa letra y quería que mi nombre fuera único. Después se me ocurrió que mi «K» era la letra K de la palabra *magick;* y la diferencia entre *magic* y *magick* es la diferencia que existe entre ilusión y trasformación.[1]

Yo estaba complacida, ya que desde entonces he agregado otros nombres para otras facetas de mí misma, y ahora tengo diez. Si estamos creciendo y cambiando, entonces parece apropiado que agreguemos o cambiemos nombres para reflejar las nuevas realidades de nuestras vidas.

---

1. Al menos, muchos otros y yo utilizamos la ortografía *«magick»* para distinguir teúrgia y taumaturgia de las ilusiones de escenario. Sin embargo, podría anotarse que muchos practicantes no siguen esta costumbre y conservan la ortografía *«magic»* cuando escriben acerca del Arte.

Tu nuevo nombre puede provenir de un libro o de la mitología antigua, o bien del vocabulario de otro idioma que sea importante para ti, de tu animal de poder, un sonido que hayas escuchado en la Naturaleza, una lista de hierbas, flores o piedras preciosas, de una novela fantástica, una sigla (las primeras letras de las palabras de una frase), una carta astral, el nombre de una persona a quien admiras, o de cualquier otro lugar. Lo importante no es la fuente, sino cómo te sientas con él.

Escoge un nombre lleno de poder y magia. Si te sienta bien, entonces llévalo orgullosamente, si no, cámbialo. Di a los amigos y a la familia cuándo te gustaría que lo usaran y cuándo no y recuérdeselo pacientemente hasta que lo recuerden por sí solos. Debes ser sensible a los cambios que sientas interiormente cuando se usa el nombre y vive de forma que le honres.

8

Cambio, muerte y magia

Debe quedar claro hasta ahora que la práctica de la magia cambia al mago y su ambiente. No se puede afectar a uno sin influenciar al otro. Ya hemos hablado de que la autotrasformación es una «muerte pequeña», una muerte de la persona anterior a medida que florece el Ser Mágico. De ello se deriva que sus sentimientos acerca de la muerte o el cambio tienen una influencia poderosa en la efectividad de su magia.

Podemos adaptarnos al proceso de esperar, guiar y saborear el cambio, o podemos temerlo y aferrarnos sin esperanza al pasado mientras se nos escapa de entre los dedos. Si temes al cambio y a la muerte, tu mente sacará a flote obstáculo tras obstáculo a medida que intentas el trabajo mágico, especialmente el trabajo dirigido por ti mismo. La osadía es una cualidad necesaria para el verdadero adepto, quien debe tener el valor de afrontar su miedo y curarlo.

Muchos le temen a la muerte, quizás porque tenemos la capacidad de la imaginación y podemos visionar muy fácilmente las terribles cosas que nos puede brindar la muerte. Nuestro miedo nos paraliza y no nos permite explorar el reino que existe al otro lado de la vida. Como dice Whitley Streiber en *Trasformación:* «Pensamos en la muerte como un desastre. Nuestro concepto total de medicina se construye alrededor del aplazamiento de la muerte. Cuando ésta llega, es una derrota para el doctor y el paciente y una causa de aflicción para todos los interesados».

Y con razón. En nuestra cultura está difundida la noción de que la vida es una prueba, y después de esta oportunidad podemos aprobar e ir al cielo o fallar y sufrir eternamente en el infierno. La muerte es la apertura de la carta de reporte final cuando se tiene una fuerte sospecha de qué se le falló a la humanidad; si falla, tu Padre te enviará a un lugar peor que la escuela militar o el convento y nunca te volverá a hablar.

Este enfoque de la muerte podría poner nervioso a cualquiera. Nos preguntamos si el cielo está reservado sólo para personas semejantes a la madre Teresa, Albert Schweitzer o Gandhi; y mientras que las delicias del cielo son un poco vagas, los tormentos del infierno son muy específicos y espantosos.

¿Son los magos algo diferentes? ¡Puedes estar seguro de que también tenemos nuestros miedos! Pero hemos elegido convertirnos en agentes de trasformación. Hemos escogido catalizar el cambio, así que debemos encarar nuestros miedos y dejarlos en el pasado una y otra vez. Debemos encarar el miedo a la muerte, incluso frente a frente.

¿Qué es la muerte?

¿Qué es la muerte realmente? Comencemos por lo que sabemos y partamos de eso. En el nivel físico, el corazón deja de latir. Cesa la respiración. Finaliza la actividad eléctrica en el cerebro. El cuerpo se enfría. Como la sangre deja de enviar oxígeno a las células, se inicia la descomposición. A su vez, los elementos del cuerpo se reúnen con los grandiosos ciclos físicos de la Naturaleza: los vientos, las mareas y los movimientos lentos en el interior de la Tierra.

Ése es el destino del cuerpo físico. ¿Y qué pasa con nuestros pensamientos, recuerdos y deseos? ¿Qué pasa con la parte de persona que es especial, única en el universo? ¿La parte que se agitó con orgullo y temor cuando mi hijo fue a la escuela por primera vez el mes pasado? ¿La parte a la que le gustan las cuevas y los caballos y *Viaje a las estrellas* y la pizza con champiñones? Yo sé lo que le pasa a mi parte alta, rubia y de ojos color café, pero ¿a dónde va mi parte amorosa, caprichosa, firme, asustadiza, valiente, mágica, si no es al cielo o al infierno?

Exploremos ahora una alternativa: cuando el cuerpo deja de funcionar, la conciencia parece elevarse. Enseguida, puedes ver tu cuerpo como si flotaras cerca del techo. Se puede ver un cordón de luz plateada que se extiende desde donde uno se encuentra hasta el cuerpo que ha abandonado. Instintivamente sabes que es la hora y liberas ese cordón por primera vez desde que habitaste en ese cuerpo. Debajo, puedes ver a tus familiares llorando y sientes una oleada de amor por ellos y nostalgia por el cuerpo y la vida que acabas de dejar, pero, al mismo tiempo, existe una grandiosa sensación de libertad y alivio mezclados con esos sentimientos de dolor.

El cuadro debajo de ti va desapareciendo. Una figura se acerca, una cara familiar, una voz bien querida de alguien cercano que murió hace tiempo. Te acompaña hacia una especie de túnel. En el otro lado del túnel hay una luz brillante y te sientes atraído hacia ella.

Lo que he descrito hasta aquí, refleja las «experiencias de muerte cercana» relatadas por cientos de personas en hospitales o en las escenas de los accidentes. Estas personas estuvieron técnicamente muertas durante unos segundos o minutos, pero revivieron y con su relato nos ofrecen un reflejo de lo que hay más allá.

Pero, ¿qué hay en, o después de pasar la gran luz? Tenemos muy pocos relatos de ello. Hay quienes en la sociedad occidental hablan de ver el cielo o el infierno, ángeles o a Jesús. ¿Están estas visiones influenciadas por los condicionamientos religiosos de los visionarios? Mr. Streiber reflexiona: «Cada religión desde la egipcia hasta la cristiana ha ofrecido un camino al alma después de la muerte, un sistema por medio del cual iría hacia su juzgamiento y encontraría su lugar… En una realidad hecha de energía, los pensamientos pueden ser, literalmente, cosas… ¿y si todo esto apunta a que creemos nuestras propias realidades después de la muerte?».

¿Los musulmanes fieles ven el Paraíso, con huríes moviéndose entre jardines fragantes? ¿Los vikingos tenían cuernos espumosos de aguamiel empuñados en sus manos en el portal, y saludaban al Padre Odín en el gran salón en el Valhala? ¿Los Wicca caminan con la Dama y el Cornudo a través de los bosques y los campos verdes de la Tierra de Verano? En síntesis, ¿nuestras expectativas se ajustan a nuestras experiencias en la vida futura?

Eso lo averiguaremos.

Las lecciones de las vidas pasadas

El Paraíso Terrenal de la creencia Wicca no es un destino final, sino un lugar para descansar, para integrar las experiencias de la vida que acaba de terminar y para anotar los diseños amplios de la vida que viene. En común con algunas otras religiones, la tradición de la francmasonería enseña la reencarnación. Tenemos una larga sucesión de vidas; en cada una hacemos elecciones y aprendemos de ellas. Algunas elecciones resultan dañinas para nosotros mismos y otras terminan en desequilibrio y dislocación («karma negativo»). Las elecciones que son saludables y constructivas restauran el equilibrio («karma positivo»). En cada vida aprendemos nuevas lecciones o repetimos las anteriores hasta que las corregimos.

Mucho de lo que somos es el producto de vidas pasadas. La reencarnación explica por qué tenemos atracciones y fobias que no tuvieron ninguna causa en la niñez. También explica los pensamientos o recuerdos de lugares en los que no hemos estado antes (en esta vida) y el por qué los niños nacidos de los mismos padres y criados juntos tienen personalidades radicalmente diferentes.

Recordar o re-experimentar las vidas pasadas nos puede ayudar a entendernos a nosotros mismos. Cuando conocemos el origen de un hábito, de una actitud, de un miedo o de una obsesión o cuando podemos ver su secuencia o patrón en una serie de vidas, entonces, podemos dirigir más fácilmente nuestro crecimiento y curación. Existen varias técnicas que pueden ser utilizadas en el trabajo de vidas pasadas. Entre éstas tenemos la hipnosis, el trance, la meditación dirigida, el ETR (sigla del nombre en inglés *embedded trauma release* que significa: «liberación del trauma incrustado»; o también «conservación del punto») y la fantasía sinergética.

Obviamente, no estamos enfocando esto como un juego de fiesta, para descubrir «quién era el más famoso» en las épocas pasadas. En la mayoría de las vidas, como es lógico, no fuimos reinas o autores o exploradores célebres. Éramos labriegos o cazadores y recaudadores. Un hipnotista de California condujo una serie de talleres de vidas pasadas, en los cuales, de más de mil casos de regresión, solamente una persona recordó una vida como personaje histórico.

En mi primera regresión, me encontré en un inmenso e impresionante templo en la antigua Mesopotamia, y vi a varias sacerdotisas moviéndose alrededor de un altar resplandeciente. «¡Maravilloso!», pensé. «¡Debo haber sido Alta Sacerdotisa!». Fue solamente una ilusión fugaz, así que resolví regresar a mi siguiente sesión y descubrir más detalles. Lo hice y averigüé que era una criada que había subido a hurtadillas las escaleras para observar los rituales, detrás de uno de los pilares, cuando se suponía que debería estar lavando. Demasiado para el ego.

Para muchos, revivir –o al menos regresar a las vidas pasadas– puede ayudar a vencer el miedo de la muerte física. Cuando se puede recordar o re-experimentar las muertes en las encarnaciones anteriores y darse cuenta de que el espíritu inmortal sobrevive y prospera, el miedo a la extinción comienza a desvanecerse.

Esta clase de trabajo se hace mejor con un guía experimentado al menos durante las primeras veces. Puedes comenzar a revivir los traumas antiguos y querrás contar con algún apoyo fuerte cerca. En mi caso, he revivido la experiencia de tener clavada una lanza en el estómago, morir en la guillotina, morir al dar a luz y ser violada y abandonada en el desierto hasta morir. Por supuesto, también he tenido acceso a experiencias mucho más placenteras. Pero la curación requiere que nos enfrentemos a los viejos traumas. Si no estás listo para esto, o no tienes la guía y el apoyo apropiados, tu Yo Joven puede negarse perfectamente a acceder a sus experiencias más traumáticas. Esto es una clase de característica de seguridad «incorporada» dentro de ti. Por lo general, si puedes regresar totalmente a una vida pasada, esto indica que estás lo suficientemente fuerte para tratar emocionalmente con ella.

Si tu fe religiosa niega la realidad de la reencarnación y no deseas explorarla por ti mismo, entonces, observa las enseñanzas de tu religión para contemporizar con la muerte. No suspendas las doctrinas; debes tratar con los sentimientos si vas a practicar la magia.

Por supuesto que existen otras formas de explorar la muerte. Puedes contactar con amigos o familiares que lo han experimentado, con la ayuda de un médium, si es necesario. Puedes experimentar la Naturaleza y sus ciclos de vida, muerte y re-nacimiento. Puedes leer libros acerca de las experiencias de muerte cercana o acerca de la reencarnación. Puedes trabajar voluntariamente en un hospicio y aprender de otros cuando estén muriendo. Puedes revisar todos los cambios que se han producido en tu interior desde que eras joven y aceptarlos e incluso celebrarlos, ya que la «muerte» de todos ésos «tú» hicieron posible el actual «tú». Persevera hasta que entiendas la muerte como una transición a una nueva clase de existencia y puedas imaginar tu propia muerte sin miedo.

Sobre dinosaurios, muerte y danza

El enfoque Wicca hacia la muerte se celebra en Samhain (diversamente pronunciado «sah-VEEN», «SOW-en» o el «SAM-hayne» americanizado), el día de descanso o noche sagrada dedicada a la muerte. De acuerdo con la tradición, el «velo entre los mundos» es más tenue en la noche del 31 de octubre, por lo que es el momento perfecto para comunicarse con los espíritus de familiares y amigos desaparecidos y para trabajar la adivinación de todos los tipos. Desafortunadamente, lo que en un principio era una ocasión de reunión y para la veneración, ahora se ha trasformado en Halloween en la cultura popular, la cual se concentra en monstruos y fantasmas, en la crítica de la muerte y en ir en busca de dulces. Ahora, no hay nada malo en una buena fiesta, pero mientras que el Samhain anima a la gente a mirar resueltamente a la muerte, al cambio y a la pérdida y a celebrar la vida que pasó y los lazos de amor que permanecen, el Halloween simplemente juega con la muerte y la oscuridad, estimulando nuestros miedos y desviando rápidamente, por lo tanto, nuestra atención hacia las bolsas de dulces.

¿Qué es lo que necesitamos entender para dejar atrás el miedo y empezar a explorar el misterio? Para respuestas a tan grandes preguntas, frecuentemente, me dirijo a profesores sabios, las fuentes de la sabiduría más antigua; pero para esto, en lugar de ello, le pregunte a los dinosaurios de mis oídos.

Bueno, colgando de mis oídos, para ser más precisa. La semana pasada visité la tienda de rocas Burnie's, la cual es una clase de hogar lejos del hogar. Allí en el mostrador había una caja de pequeños dinosaurios de caucho en hermosos colores brillantes, pidiendo ser convertidos en aretes. Con una inversión de 73 centavos y cinco minutos con las pinzas del joyero, pronto pendía de mi lóbulo un tiranosaurio de color rosado fuerte y uno de color lavanda en el otro.

Ahora, si vas a colgar reptiles de caucho de tus orejas, también debes escucharlos. Así que consulté al Lagarto Lavanda de la Vida y al Dinosaurio Rosado de la Muerte, en busca de sabiduría. (Esto puede parecer un poco excéntrico para algunos, pero hace tiempo aprendí que cualquier objeto o ente puede catalizar la formación de ideas o, expresado de otra manera, se puede mirar a través de una ventana y ver la luz del sol).

Esto es lo que escuché: «Todo lo que Ella toca, cambia. El cambio es la esencia de la vida, la naturaleza de toda realidad».

«Raya el alba y cambiamos el mundo y el mundo nos cambia a nosotros. Bailamos la danza de la luz del día».

«La noche cae y nuestra mente consciente descansa. Pero la vida de la ente profunda continúa: re-creación integración, sueños, movimiento y cambio a reinos sombríos para nuestros Yo despiertos, pero de todas formas reales. Bailamos la danza de la oscuridad. De forma similar, nacemos para bailar la danza de la vida; pero cuando eso termina y nuestras personalidades vivientes descansan, la vida del espíritu continúa en otros reinos. Bailamos la danza de la muerte».

Así hablaron los dinosaurios, pequeñas réplicas de reptiles de una especie completa que bailaban en las sombras muchísimo antes del despertar de la humanidad, susurrando sabiduría en mis oídos desde los profundos corredores del tiempo. Me recordaron que las Altas Sacerdotisas Wicca visten gargantillas de ámbar y azabache alternados, de día y de noche, de vida y muerte y vida nuevamente, simbolizando el grandioso círculo a través del cual nos movemos.

A través del entendimiento es posible trascender el miedo de la muerte y vivir así más profundamente. Cito una vez más a un hombre que afrontó su miedo y lo dejó atrás, Whitely Streiber:

«Se ha ido mi temor. Ahora había […] una sensación de corrección absoluta acerca de éste. No pertenecía a la oscuridad en modo alguno. Yo pertenecía a la oscuridad. La muerte era parte de la gracia de la naturaleza…

»Había estado tan asustado y esperando una pésima vida. Pero la paz que toqué era tan increíble y trascendentalmente grandiosa que ahora yo también amaba un poco la muerte o, al menos, aceptaba la verdad y la presencia de ella en mi propia vida».

9

Preparándote para el ritual

Obviamente, prepararse uno mismo para trabajar con la magia no es una tarea fácil. A decir verdad, esta clase de preparación nunca termina. Pero en algún punto se necesitará adelantar el trabajo sabiendo que no se está totalmente preparado, ningún mago en este plano es un Ser Mágico «terminado». Continuarás creciendo a medida que trabajes y lo que aprendas del trabajo te ayudará, a su vez, a crecer.

Conocer tu propósito

El primer paso en la práctica real de la magia es definir el propósito de tu trabajo. Esto no es tan simple como puede parecer. Pongamos un ejemplo del reino de la taumaturgia: supón que se te ocurre trabajar la magia para obtener un coche. Tu lugar de trabajo queda a una gran distancia de tu casa y el trasporte público y los viajes compartidos parecen inconvenientes.

Pero, espera ¿realmente es un coche lo que necesitas? Podría ser igualmente fácil conseguir un empleo más cerca de tu casa o ayudarte a aceptar y disfrutar el hecho de compartir un vehículo u obtener una bicicleta o una motocicleta. Quizás ya lo has considerado y estás seguro de que lo que necesitas es un coche. ¿De qué clase? ¿Un Chrysler usado y barato, dices? Así que trabajas el hechizo y tres días después te encuentras con un Chrysler usado barato. Un Chrysler de color café. Detestas el café. Así que empiezas nuevamente y especificas que sea de color azul. Pronto, un Chrysler usado azul y barato se cruza en tu camino y lo compras. Al día siguiente se le cae la trasmisión. Así que comienzas nuevamente y especificas que debe ser un Chrysler usado, azul, barato y en buenas condiciones mecánicas...

Esto puede llegar hasta un extremo enfermizo. Cuando se trabaja por la forma y se especifica cómo se quiere que se manifieste la magia, es mejor que cada detalle esté correcto. Con la magia obtienes lo que pides. No necesariamente más de lo que has pedido (como una buena trasmisión en ese bonito coche) o lo que sea apropiado o útil o lo que necesites, sólo lo que has pedido.

Así que saber qué pedir (o «traer a tu vida») es la mitad del secreto. La forma más simple de evitar todos los riesgos ilustrados en nuestro ejemplo es trabajar por la esencia más que por la forma. En el caso anterior, podrías trabajar un hechizo para «la forma de trasporte más apropiada para mí en este momento» o por «el coche perfecto en este período de mi vida». Entonces, confíale a tu Yo Superior la resolución de los detalles. Si dijiste «trasporte», puedes terminar con una motocicleta o un caballo, lo cual puede ser bastante apropiado para ti. Si especificaste un «coche», puede ser de cualquier color, marca y modelo, pero nuevamente, podría ser sólo lo que necesitas.

Volviendo a la teúrgia, puedes trabajar por la esencia si deseas: «Llamo a mi vida a todas aquellas experiencias que sean las más apropiadas para ayudarme a crecer espiritualmente». Sin embargo, en el campo del crecimiento personal hay mucho por decir del trabajo por la forma, así como por la esencia. Debes mirar tu interior para poder entenderte mejor, no puedes especificar un cambio a menos que sepas qué es lo que quieres cambiar. Las ideas resultantes son valiosas y así te conviertes en un socio activo de tu propio crecimiento y trasformación (es decir que el Yo Hablante lo hace).

Cuando se trabaja por la forma en la teúrgia, insisto en que no es provechoso ser ambiguo o descuidado. La magia para «acomodarse a montones», por ejemplo, puede ser peligrosa. Algunas personas alcanzan un cierto nivel de comodidad siendo unos borrachos patanes; otras se quedan dormidas; otras, bueno… date un paseo por un atestado cementerio urbano: todas allí están cómodas.

En este caso, te explorarías a ti mismo hasta averiguar qué te incomoda: qué sentimiento o miedo, o insuficiencia, o qué vacío en tu conocimiento está dominando la situación. Entonces, puedes trabajar en ese problema con inteligencia y precisión.

Este primer paso del ritual incluye la clarificación de tu propósito. Puede ser que sólo necesites meditar o hablar sobre esto con el Yo Joven o que quieras hacer algunos ejercicios de «clarificación de valores», los cuales eran muy populares en los años sesenta y setenta, para entender mejor tus valores y objetivos. Por supuesto, también debes considerar la adivinación. El uso del péndulo, el tarot, la proyección, la astrología, el I Ching, las piedras runa, la litomancia y otras técnicas similares pueden ser muy iluminadores. La exploración de estos temas también es un tema muy amplio para este libro, pero vale la pena que te tomes un tiempo para curiosear entre ellos, escoger uno que te parezca atractivo e intentar aprenderlo con un practicante experto.

Tus herramientas rituales

Aunque las herramientas rituales no son absolutamente necesarias en la magia, mucha gente las encuentra útiles como símbolos tangibles de los procesos iniciados por la magia. El Yo Joven, en particular, disfruta del uso de herramientas y con el tiempo se vuelven tan familiares con los procedimientos mágicos, que el simple hecho de levantar una herramienta significará empezar a canalizar cierta clase de energía o trasladarse a un cierto estado mental.

Existe una gran cantidad de disparates escritos en la literatura fantasiosa acerca de las herramientas rituales, las cuales dan la impresión de que el poder mágico reside en la herramienta y que puede ser liberado por cualquiera que llegue a tener posesión de éstas. La verdad es que la magia está en el mago y la herramienta es sólo un símbolo o, a lo sumo, un canal para el poder. La única ocasión en que un poder sustancial está investido en una herramienta ocurre cuando se carga (como con un talismán); aun entonces, el poder está en una condición transitoria.

He aquí la clase de novela encuadernada en rústica, con una carátula que proclama: «El Anillo de Poder permanece intacto durante milenios en la tumba de un hechicero –lo que puede significar la salvación para Elfland– ¡o la condena de todo el Reino!». Si encuentras un anillo en la tumba de un hechicero, existe una buena posibilidad de que no arroje fuego verde si lo tocas.

Las herramientas tradicionales utilizadas por la mayoría de los Wicca y por otros magos incluyen el athame, el pentáculo, la varita y la copa o cáliz, todos los cuales simbolizan los elementos. La mayoría de los altares también incluyen velas, un quemador de incienso, tazas para sal y agua y, por supuesto, un libro de sombras. Estas herramientas básicas, así como otras bastante comunes, se describen a continuación:

Aspersorio (o hisopo). Artefacto utilizado para rociar agua para la purificación al comienzo de los rituales. Algunos están fabricados de cobre o plata, pero una rociada de siempreviva, una rama de pino o los dedos también servirán.

Athame. Herramienta en forma de cuchillo, de doble filo y de mango negro, utilizada por los brujos para canalizar la energía al proyectar el círculo, pero no para cortar ningún material. Se marca con el nombre del propietario en caracteres y con otros símbolos, incluyendo el pentagrama. Puede simbolizar los elementos Fuego o Aire. En este punto varían muchas tradiciones.

Campana. Se puede utilizar muy pronto en el ritual una campana o un gong para «alertar los Cuartos», esto es, preparar al Yo Joven para que opere en las formas de Tierra, Aire, Fuego y Agua.

Bolline. Cuchillo de mango blanco, utilizado por los brujos para cortar, tallar o inscribir cosas en el trascurso de un ritual –velas, talismanes, cordones, etc.–. Generalmente, es de un solo filo y algunas veces tiene la hoja en forma de hoz.

Cáliz. Copa que suele contener vino, la cual es compartida por todos en el círculo del ritual Wicca. Es un símbolo tanto femenino como de Agua y puede utilizarse para la proyección o la contemplación de cristal.

Carbón de leña. A menudo se quema incienso en un montón de carbón de leña, colocado en un incensario o sobre una piedra. Los trozos de carbón auto-inflamables se venden en las tiendas de suministros y son muy útiles.

Cordón. Un «cordón» puede ser una cuerda pesada utilizada en el ligamiento y liberación de la magia, o se puede referir también a la pieza de ropa que rodea la cintura del mago (llamado también «faja» o «cíngulo»). En muchas congregaciones y logias mágicas, el color del cordón indica el grado de conocimientos adquiridos del mago.

Espada. Para trazar el círculo en un grupo se puede utilizar una espada especial. Se considera como símbolo de Aire o de Fuego.

Inciensos. Se presentan en barra, conos, polvos, trozos resinosos y mezclas herbales o florales, y pueden comprarse o prepararse. El incienso quemado depende del propósito del ritual y de las energías que estén siendo invocadas, pero el olíbano y el sándalo son los favoritos y se pueden utilizar para casi cualquier ritual.

Lámparas de arte. Éstas son las dos velas sobre el altar, las cuales proveen la iluminación; están hechas preferiblemente de cera de abejas, aunque las de parafina también sirven. Escógelas blancas o de colores basados en la temporada o en la naturaleza de la magia que se está llevando a cabo.

Lapicero de arte. Lapicero especial que se reserva sólo para las anotaciones en el *Libro de sombras* o para otros usos rituales. Éste puede ser un lapicero pasado de moda o una pluma para escribir, pero para esta función se puede asignar cualquier implemento de escritura.

Libro de sombras. Diario mágico llevado por cada iniciado Wicca en el que pueden ser registrados hechizos, invocaciones, notas del ritual, recetas herbales, sueños, resultados de adivinación y material del libro de la congregación. Algunas personas lo escriben en letra tebana o en otros alfabetos.

Pentáculo. Es un disco de metal, cerámica o madera con un pentagrama y otros símbolos inscritos en él. Es símbolo del elemento Tierra; algunas veces se coloca sal o tortas sobre éste, aunque también puede ser utilizado en los rituales como un escudo mágico.

Taza de agua. El agua mezclada con sal puede utilizarse para purificar; la taza (o concha grande) que la contiene se mantiene en el altar.

Taza de sal. La sal de roca simboliza la Tierra, la cual se mezcla con agua y se roda sobre las cosas para purificarlas. *Véase* «Aspersorio».

Turíbulo. Incensario, plato o quemador de metal para guardar carbón de leña e incienso. Puede permanecer sobre el altar o colgar de una cadena, y es considerado frecuentemente como símbolo de Aire.

Varita. Bastón de aproximadamente 18" (40 cm) de largo o «del codo a la punta de los dedos», elaborado en madera sagrada tradicional y utilizado para canalizar el poder y representar el Aire o el Fuego, de acuerdo con diversas tradiciones. Puede grabarse y decorarse en forma fálica (bellota o cristal) en un extremo y una vulva en el otro. También se le llama báculo.

Velas. Utilizadas frecuentemente por algunos magos en los hechizos. Los aceites con los que son untadas y sus colores, así como las formas y las inscripciones grabadas en ellas, tienen un propósito simbólico.

Otras herramientas o aparatos simbólicos incluyen el caldero, el azote, el cayado, la pértiga, las hierbas, los aceites, las piedras y un calendario astrológico. Existen, además, herramientas adivinatorias tales como las cartas del tarot, el espejo mágico, piedras de exhibición, péndulos, tallos de milhojas o monedas para el I Ching y las piedras de caracteres o varas de caracteres.

Hay muchas formas de obtener las herramientas. A menudo es mejor fabricarlas personalmente, de forma que estén bien a tono con uno mismo. Pueden ser tan simples o tan elaboradas como tu gusto y tus habilidades lo permitan. Para una varita, simplemente se puede cortar un trozo de madera de fresno o puedes grabar serpientes en espiral y caracteres complejos en ébano y colocarles rubíes o zafiros. La copa se puede moldear de arcilla de río y hornearse en los carbones de un fuego de Sabbat, o ser torneada en una rueda de alfarero, cocida y barnizada con colores vívidos.

Si sientes la necesidad de tener una herramienta elaborada pero no tiene la habilidad para hacerla, encárgala a un artesano para que la haga según tu diseño.

Algunas herramientas se pueden comprar en tiendas de antigüedades, en casas importadoras o en almacenes especializados. Nunca regatees acerca del precio: la herramienta perfecta es invaluable. Y nunca compres algo «muy bueno» porque tiene el precio justo, éste debe sentirse bien «tal como es» o con las modificaciones que se le puedan hacer.

Cualquier herramienta comprada debe ser purificada ritualmente antes de utilizarse. Las formas más sencillas son sumergirla en agua corriente (en una corriente bajo una roca, por ejemplo) o sepultarla en la tierra desde la luna llena hasta la nueva.

Algunas veces, una reliquia familiar de un pariente favorito se puede adaptar como herramienta, o un amigo te puede ofrecer una como regalo. Cualquiera que sea la fuente, debes personalizarla, pintándola o grabándole tu nombre mágico en caracteres.

Cuando tengas una nueva herramienta, conságrala a la luna llena. Bendícela con Tierra (sal), Aire (incienso), Fuego (llama) y Agua (o vino), así como con Espíritu (aceite ritual). Preséntala a los cuatro Cuartos y luego a un Dios o Diosa apropiado o a tu aspecto favorito de Deidad.

Puedes desear decir algo como: «Dama Afrodita, Diosa del amor y las emociones profundas como el mar, te presento este cáliz, herramienta ritual de Agua y del mundo occidental, de todas las emociones y de la intuición. Concédeme que lo pueda utilizar a tu favor y en tu poder, sin causar daño a nadie y para el más grandioso bien de todos». Luego, utiliza inmediatamente la herramienta para la función propuesta, para este ejemplo, bebiendo vino en ella, mezclando una bebida herbal con fines curativos o de proyección.

Mantén guardadas tus herramientas en un lugar seguro cuando no las utilices, envueltas en tela de fibra natural y colocadas en una caja, saco o canasta especial. Mantenlas limpias y, si son de metal, lustradas; las herramientas de madera pueden requerir de una aplicación ocasional de barniz para que no se sequen y se quiebren. Conságralas nuevamente y purifícalas por lo menos una vez al año. El día de descanso de Imbolc (llamado también Oimelc, Brígida o Candlemas), el 2 de febrero, es una fecha apropiada para hacerlo. Recuerda que, según la tradición, nadie puede tocar tus herramientas rituales sin tu permiso, así como tampoco tú puedes manejar las herramientas rituales de otros sin su consentimiento.

Tu atuendo ritual

Debido a que el ritual es una actividad especial y a menudo sagrada, la mayoría de los magos sienten que es apropiado vestirse de una forma diferente cuando van a realizar una operación mágica importante. Mientras que la magia se puede hacer en ropa de calle (y se hace, todos los días), la efectividad del ritual se mejora con el atuendo ritual. En primer lugar, es una señal más para tu Yo Joven de que estás a punto de entrar en un estado de alteración.

Además, al Yo Joven le gusta la «ropa especial», y un Yo Joven feliz es un compañero mágico más cooperativo.

Una alternativa para las túnicas especiales es trabajar «skyclad». Éste es un término pagano que significa «vestido por el cielo» –esto es, desnudo–. Algunos Wicca tradicionales prefieren trabajar desnudos por muchas razones. Primero, se siente que la energía psíquica fluye más libremente al no ser obstaculizada por la ropa. Segundo, esto expresa la creencia de que el cuerpo humano es natural y bueno, que es el templo del Espíritu y no es para esconderlo por vergüenza. Tercero, las diferencias de ingresos y de clase social se minimizan cuando todos en el círculo están desnudos, ya que nadie viste ropa especial ni costosa.

Los Wicca desnudos de todas formas usan sus «joyas de brujo»: tradicionalmente un brazalete de plata y una gargantilla (para las mujeres) o un collar (para los hombres). Las Altas Sacerdotisas también pueden vestir una corona semicircular y una liga, y los Altos Sacerdotes una máscara con cuernos o cofia.

Probablemente, la mayoría de magos trabajan vestidos en lugar de desnudos, bien sea para calentarse o porque la túnica tiene un significado simbólico. El estilo más común es una túnica cortada holgadamente de manga larga y con una caperuza. La túnica debe ser lo suficientemente holgada para que uno pueda danzar y moverse con libertad. Evita las mangas muy largas y anchas, ya que tienden a enredarse en el cáliz del vino o a prenderse en las velas. Puedes utilizar la caperuza para bloquear la visión exterior y así evitar distracciones mientras meditas.

Los diseños de las túnicas las puedes encontrar en revistas en tu tienda de telas más cercana. Obviamente, no llevarán el nombre de «túnicas rituales». Busca en la sección de ropa informal o en la sección de disfraces, o trata de encontrar un patrón de túnica de un coro. Si quieres algo muy simple, haz una «estilo camiseta». Se recomiendan las telas naturales, como algodón, rayón o lana, porque permiten que la piel «respire». Sin embargo, si tus rituales no son muy largos y la ventilación de la habitación es buena, puedes usar cualquier cosa que luzca atractiva y que pueda ser cuidada con facilidad. Si trabajas con una congregación o logia mágica, el color de la túnica puede reflejar tu grado de conocimiento dentro del grupo. Por ejemplo, en mi templo de hogar, los iniciados grado Tierra visten colores Tierra; los iniciados de grado Agua visten túnicas de verde acuoso; los de grado Fuego visten de rojo, y así sucesivamente. Si no estás restringido, puedes escoger cualquier color que te haga sentir saludable, equilibrado o poderoso.

Una combinación favorable, como se muestra en la carta «el Mago» de la baraja del tarot Rider-Waite o Morgan-Greer, es una camisa o túnica interior blanca y una túnica o capa exterior de un rojo brillante. El blanco significa pureza de corazón y de espíritu; el rojo simboliza voluntad y energía.

También debemos referirnos al cordón, la faja o el cíngulo. En la mayoría de las congregaciones Wicca, éste se concede en la iniciación, y el color representa el grado de iniciación obtenido. Si estás trabajando solo, un cordón blanco puede ser la mejor elección. Algunas veces se puede encontrar el cordón de satín apropiado en una tienda de telas o se puede trenzar con cordones más delgados. Hazlo por lo menos del mismo largo de tu estatura.

Es importante que mantengas la túnica (al igual que el cuerpo) limpia y pulcra para cada ritual. Esto muestra respeto por los poderes que estás invocando y por ti mismo. Cuando la túnica esté manchada, gastada y vieja, quémala o entiérrala con respeto.

No hemos mencionado el calzado por la simple razón de que la mayoría no lo utilizamos durante el ritual. Tener los pies descalzos sobre la tierra o el suelo te ayudará a mantenerte asentado.

A menudo aquellos que trabajan la magia utilizan joyería especial. Por supuesto, no debes utilizar las «joyas de bruja» mencionadas anteriormente, a menos que seas un sacerdote o sacerdotisa Wicca iniciado y, por lo tanto, estés autorizado para hacerlo. Sin embargo, puedes usar una joyería que refleje tu senda religiosa (tal como una media luna, la Estrella de David, una cruz o lo que quieras). También puedes encontrar o diseñar joyería de metales particulares, con ciertos arreglos de piedras preciosas, para mejorar tu crecimiento con energías especiales. En el Apéndice de este libro hallarás listas de colores y piedras preciosas, junto con algunas de las correspondencias o asociaciones tradicionales.

Aunque la ropa no hace al mago, el vestuario escénico o atractivo (o la joyería, si estás desnudo) puede aumentar tu confianza y deleitar a tu Yo Joven.

Tu templo o espacio sagrado

Necesitarás un lugar silencioso y privado en el que puedas trabajar. Trabaja al aire libre siempre que sea posible, para estar cerca de los ritmos y el poder de la naturaleza. Quizás puedas destinar una esquina del patio trasero, tapado por los arbustos o cercas, o utiliza una arboleda especial si tienes acceso a un bosque rural, o puedes ir a un rincón apartado de un parque estatal.

Si puedes establecer un área ritual permanente al aire libre en tus propios terrenos, diséñalo a su gusto. Puedes rodear tu círculo con piedras erguidas o con jardines de flores o hierbas. Puedes delimitarlo con piedras o bien poner postes de velas en los cuatro puntos cardinales. Si quieres, puedes construir un relicario oculto para albergar una estatua del aspecto de tu Dios o Diosa favorito. También puedes colgar juegos de campanas, talismanes mágicos o comederos de aves en los árboles cercanos.

En el interior, podrías destinar una habitación o algún lugar de la casa para realizar la magia. Necesitarás estanterías, un gabinete o un armario para artículos como velas, aceites, hierbas, inciensos y herramientas rituales. Algunos magos los mantienen bajo el altar, o sobre él. Una tabla pequeña o un gabinete de madera pueden servir como altar. En cierta ocasión, utilicé la caja de madera de un televisor, sin su maquinaria y con algunos estantes instalados adentro.

Podrías decorar la habitación con pinturas mágicas, estatuaria, fotografías o colgaduras de pared. Éstas pueden representar a tus Deidades, animales de poder, símbolos religiosos favoritos o cualquier cosa que toque tu corazón y tu espíritu y te ayude a hacerlos más poderoso.

Algunos magos ceremoniales decoran sus templos con un estilo muy formal y elaborado. Éstos pueden tener pilares blancos y negros flanqueando el altar (representando los dos grandes principios de las polaridades, los cuales sostienen el Árbol de la Vida Cabalístico), espléndidos candelabros de cobre o de plata, complejas colgaduras de pared para cada uno de los Elementos y un ordenador para resolver las cartas astrológicas. En la mayoría de los hogares, sin embargo, el ordenador puede estar en otra habitación; muchos practicantes encuentran útil la tecnología, pero prefieren que las áreas de su templo tengan una apariencia más arcaica y/o romántica.

Al aire libre o bajo techo, necesitarás un altar o al menos un lugar para poner las herramientas mientras trabajas. Éste puede tener cualquier forma o tamaño, con tal de que haya suficiente espacio para los materiales. Algunas personas simplemente extienden ropa especial sobre la tierra o en el centro del suelo. Según la tradición, el altar debe situarse en el Este (amanecer y nuevos comienzos) o en el Norte (sabiduría y espíritu).

En la figura siguiente se muestra una posible disposición para el altar. El incienso está en el Este, como símbolo de Aire; se coloca una vela roja en el Sur, como símbolo de Fuego; el cáliz está en el Oeste para significar el Agua y el pentáculo se coloca en el Norte, como símbolo de Tierra. Otras herramientas o implementos de trabajo se colocan en cualquier parte donde queden a mano.

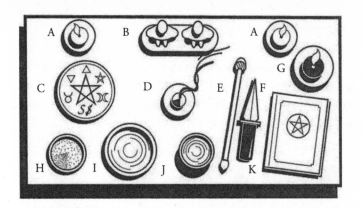

A - Velas   B - Estatuas del Dios o Diosa
C - Pentáculo   D - Quemador de incienso
E - Varita   F - Athame
G - Vela roja   H - Taza de sal
I - Taza de agua   J - Cáliz
K - Libro de sombras

Sea cual sea el lugar donde trabajes, el área debe mantenerse limpia. Si es al aire libre, consigue alguna litera para su disposición posterior. En el interior, asegúrate de que todo está ordenado, limpio y despejado. Planea trabajar con la luz natural (del sol o de la luna), a la luz del fuego o de las velas. Olvídate del estereotipo de las películas consistente en un taller de brujo, oscuro, lleno de telarañas y atestado de calaveras y manuscritos antiguos. El desorden y la magia no se llevan bien.

Si estás indeciso sobre la forma de arreglar o decorar el área, utiliza tus habilidades adivinatorias para decidir (péndulo, tarot, etc.), o simplemente confía en tu instinto. Es más importante que sea uno mismo quien vea bien el área, en lugar de seguir cualquier disposición o decoración estándar.

Medir el tiempo del trabajo

Es posible y útil sincronizar la medida del tiempo del trabajo mágico escogiendo una fecha y una hora en que la estación, las configuraciones astrológicas, el día de la semana, la fase de la luna y la hora planetaria sean favorables al hechizo específico que deseas efectuar.

Sin embargo, para los neófitos en la magia, es suficiente (y mucho más simple) considerar sólo dos factores: la fase de la luna y el día de la semana. Primero, consideremos las fases lunares.

La luna nueva es un momento excelente para que los principiantes hagan magia, o para la concepción e iniciación de nuevos proyectos.

La luna creciente es apropiada para los hechizos que tienen que ver con crecimiento, curación o incremento.

La luna llena representa culminación, clímax, realización o abundancia. Es la marea alta del poder psíquico.

La luna menguante es la mejor fase para la purificación, el ahuyentamiento o la terminación.

La oscuridad de la luna, desde el momento en que ya no está visible a simple vista hasta la luna nueva, es el tiempo más útil para la adivinación de todo tipo: proyección, tarot, I Ching, repartición de caracteres, etc.

Cada dos o tres días, en promedio, la Luna es «sacada de su curso» por unas pocas horas o esencialmente «entre signos». No comiences un ritual (o cualquier proyecto nuevo) durante estos períodos. Éstos los puede apreciar en un calendario astrológico.

Cada ciclo de las lunas creciente y menguante abarca varios días y dentro de este lapso, puedes preguntar cuál es el mejor para la magia que estás planeando. Estas indicaciones te pueden ayudar:

☽ El lunes es especial para la Luna y se refiere a la sensibilidad psíquica, los misterios de las mujeres, las mareas, el agua y los asuntos emocionales.

♂ El martes es especial para Marte y la acción, la vitalidad, el positivismo, el valor y la batalla.

☿ El miércoles es especial para Mercurio y las comunicaciones, los viajes, los negocios y los asuntos económicos.

♃ El jueves es especial para Júpiter y el liderazgo, la actividad pública, el poder, el éxito y la fortuna.

♀ El viernes es especial para Venus y el amor, el sexo, la amistad, la belleza y las artes.

♄ El sábado es especial para Saturno y el conocimiento, la autoridad, las limitaciones, las fronteras, el tiempo y la muerte.

⊙ El domingo es especial para el Sol y el crecimiento, la curación, el progreso, el esclarecimiento, el pensamiento racional y la amistad.

Las correspondencias: el lenguaje del ritual

Al planear un ritual, debes entender claramente que una gran parte de la magia ritual incluye la manipulación de símbolos, porque los símbolos se comunican más poderosa y vívidamente con el Yo Joven de lo que lo hacen las solas palabras. Para la mayoría de los propósitos prácticos, el Yo Joven no es verbal; pero como un niño preverbal, responde a los colores, formas, ritmos, olores, movimientos y a otros estímulos sensoriales. En los rituales incluimos alocuciones (invocaciones, poesía, letras de canciones, cantos y palabras de poder) porque eso puede evocar los sentimientos y las imágenes a las que responde el Yo Joven y porque las palabras son una importante vía de participación para el Yo Hablante.

Una de las partes creativas y agradables del diseño del ritual incluye la elección de los símbolos que se van a utilizar, esto es, trasladar el fin del ritual ideas abstractas o palabras a música, color, fragancia, imágenes, objetos, movimientos de baile y otros. Escoger y arreglar los elementos simbólicos del ritual es una forma de arte como la coreografía o la escultura.

A estas relaciones simbólicas las llamamos «correspondencias» porque en la magia una cosa corresponde a otra y las dos pertenecen a un conjunto de extremos abiertos de elementos interconectados. De esta manera, el Fuego, el color rojo, la canela, la virtud del valor, la dirección Sur y la Diosa Vesta corresponden todos unos a otros en muchas tradiciones mágicas, al igual que las salamandras, pimentones, ópalos de fuego y leones.

Una congregación o grupo mágico debe estar de acuerdo en las correspondencias básicas, de forma que puedan todos juntos «hablar el mismo idioma» en el ritual. Cuando trabajas la magia solo, tienes más flexibilidad debido a que puedes utilizar tus experiencias personales. Quizás, para ti, las gaviotas corresponden a cualidades del Fuego, debido a que cuando eras niño siempre las veías en la brillante luz del sol mientras caminabas sobre la arena caliente; o tal vez las palomitas de maíz son un símbolo de Fuego, porque en los días de fiesta tu familia tostaba maíz con una tostadora vieja en una chimenea llameante.

Entonces, en un grupo ritual para estimular tu valor y energía, todos podrían invocar a Vesta en el Sur, rugir como leones para obtener poder y canalizarlo hacia sí mismos en forma de luz roja. También podrían «testificar» en voz alta, situaciones donde te hayan visto demostrar estas cualidades. Más tarde, en casa, podrías confeccionar y cargar una bolsa de talismán de tela roja, colocarle pimienta adentro, unos pocos granos de palomitas de maíz y un modelo pequeño de una gaviota. De esta forma, incluyes tus correspondencias personales con aquellas que son familiares al grupo.

Todas las culturas que poseen una tradición mágica tienen su propio grupo de correspondencias reconocidas. En el Apéndice se incluye una tabla concisa de correspondencias utilizadas por muchos Wicca. Para un grupo más amplio (y con índice de referencia parcial) te remito a *The Spiral Dance (La danza en espiral)*, escrito por Starhawk.

10

Crear y realizar el ritual

Ya te has preparado a ti mismo y a tu templo, has defi- nido tu propósito, has reunido las herramientas, has escogido la fecha y la fase de la luna y has considerado las correspondencias que utilizarás. Ahora sólo resta finalizar el plan de tu ritual y trabajar la magia.

Un diseño para el ritual mágico

A continuación se presenta un esbozo de ritual. Podrás completar el contenido, de acuerdo a tu propio estilo y creencias, pero has de saber que cada paso tiene su propó- sito, y omitir cualquiera de ellos puede llevarte al fracaso o a que te hagas daño. Aquí hay una lista de los pasos, seguida por algunas explicaciones:

1. Adelantar la preparación.
2. Montaje físico.
3. Autopreparación.

4. Armonización del grupo.

5. Aspersión del área.

6. Formar el círculo.

7. Alertar los «Cuartos».

8. Llamar los «Cuartos».

9. Invocar al Dios.

10. Invocar a la Diosa.

11. Establecer el propósito.

12. Obtener el poder.

13. Canalizar el poder.

14. Enterrar el exceso de poder.

15. Tortas y vino.

16. Agradecimientos y despedidas.

17. Abrir el círculo.

18. Actuar en concordancia.

1. *Adelantar la preparación* puede incluir tareas como obtener hierbas o velas especiales, hacer una herramienta ritual, buscar una Deidad apropiada para la invocación y planear los detalles del ritual.

2. *El montaje físico* cubre la preparación del templo o del área ritual al aire libre, la colocación de las herramientas, colgaduras especiales en las paredes o de símbolos en el altar, etc.

3. *La autopreparación* puede incluir inmediatamente antes del trabajo, un baño ritual de purificación con velas e incienso, un período de meditación, una pu-

rificación del aura o un ejercicio de canalización de energía y otras actividades para purificar y enfocar.

4. *La armonización del grupo* es importante si alguien va a trabajar contigo, esté o no físicamente presente. Canturrear o cantar juntos armoniza psíquicamente un grupo; pero la meditación dirigida, el juego o el trabajo en conjunto de algunas tareas de preparación (como decorar el templo o crear un círculo de piedras) también son otras alternativas.

5. *La aspersión del área,* purificándola ritualmente de influencias negativas o inapropiadas, se suele hacer con sal y agua. Puedes empezar trazando un pentagrama sobre la sal; visualízalo brillando con luz blanca sobre el athame (cuchillo con mango y de doble filo) o la varita, al tiempo que dices: «Yo te exorcizo, oh espíritu de sal, echo fuera todas las impurezas que reposan dentro». Haz lo mismo sobre la taza de agua, visualizándola hirviendo y burbujeando: «Yo te exorcizo, oh espíritu del Agua, sacando todas las impurezas que reposan dentro».

Agrega tres medidas de sal al agua, revuelve la mezcla tres veces en el sentido de las manecillas del reloj, luego camina en este mismo sentido alrededor de la parte exterior del círculo, rociando el agua salada ligeramente sobre todas las cosas con un aspersorio o con los dedos.

Tras rociar con Agua y Tierra, también puedes purificar con Aire y Fuego, tomando un incensario y después una vela alrededor del círculo, deteniéndote para saludar a los Cuartos.

6. *Formar el círculo,* crea una frontera alrededor del espacio sagrado del ritual, para proteger a quienes permanecen dentro de las influencias o distracciones externas y para contener y concentrar el poder obtenido hasta que sea canalizado hacia tu objetivo.

Camina en el sentido de las manecillas del reloj desde el altar, apuntando el athame, la espada o, si es necesario, la varita hacia la tierra. Visualiza una línea de llama o de luz (mejor si es azul) obtenida de la tierra, mientras que dices lo siguiente lenta y fuertemente:

> *«Yo te conjuro, oh Círculo de Poder, para que seas*
> *una frontera entre el mundo de la humanidad*
> *y los reinos de los Poderosos, un guardián y protector,*
> *para preservar y contener el poder que obtendremos*
> *dentro; por lo tanto, te bendigo y te consagro».*

Todo se presenta junto para decir la última frase, «... por lo tanto...»: Levanta la herramienta hacia el altar y después devuélvela a su lugar.

7. *Alertar los Cuartos* consiste en el siguiente paso. El término «Cuartos» es la taquigrafía verbal para los poderes de Tierra, Aire, Fuego y Agua. Éstos corresponden, en parte, a:

✳ *Tierra:* Cuerpo, fundamentos, plano material.

✳ *Aire:* Mente, intelecto, imaginación.

✳ *Fuego:* Vitalidad, voluntad, propósito.

✳ *Agua:* Emoción, intuición.

Estas cualidades o aspectos de la realidad son representados algunas veces como guardianes o arcángeles. Cuando los «alertamos», estamos preparando el Yo Joven para que experimente el ritual de todos estos modos: física y mentalmente, con nuestros campos de energía y en plano emocional.

Camina en el sentido de las manecillas del reloj alrededor del círculo desde el altar (o comenzando en el Este), llevando una campana, gong o juego de campanas. Descansa un momento y haz sonar la campana en cada uno de los puntos cardinales. Añade un quinto campaneo suave cuando regreses al altar o al Este.

8. *Llamar los Cuartos* es el siguiente paso. Situado frente al Este, dibuja un pentagrama de invocación al Aire con su athame como se ve en la figura. Observa el símbolo brillando en el aire y podrás visualizar detrás de éste el poder personificado de ese Elemento, por ejemplo, un espíritu vestido de azul claro y blanco, con el viento moviendo su ropa y su cabello.

Situado frente al Sur, al Oeste y al Norte cada vez, dibuja los pentagramas correspondientes y visualiza los espíritus Elementales. Si se encuentra presente un grupo, se debe hacer al mismo tiempo. Después que el pentagrama se hace cada vez, el grupo puede entonar el nombre del correspondiente espíritu o arcángel (Aire = Rafael, Fuego = Miguel, Agua = Gabriel, Tierra = Uriel). Como alternativa, una persona puede pasar al frente para dirigir la marcación del pentagrama y decir una invocación. Por ejemplo:

a - invocación al Aire
c - invocación al Fuego

b - invocación al Agua
d - invocación a la Tierra

*«Espíritu de Fuego, Guardián de la Atalaya del Sur,
León Rojo del desierto ardiente, ven a nuestro círculo
esta noche y concédenos la voluntad y la energía
para alcanzar nuestros objetivos. ¡Así sea!».*

9. *Invocar al Dios* activa el aspecto «masculino» del poder creativo Divino dentro del ritualista. Él puede ser llamado simplemente «Dios» o se puede invocar un aspecto particular (Pan, Cernunnos, Thoth, etc.) que sea apropiado para el trabajo de turno. En algunos grupos que trabajan con hombres presentes, uno de ellos generalmente invoca al Dios, aunque en la tradición Wicca una sacerdotisa puede invocar al Dios hacia el Alto Sacerdote, o hacia sí misma si ningún hombre se encuentra presente o no lo puede hacer.

    Detente ante el altar y con las manos dibuja un hexagrama (dos triángulos equiláteros entrelazados) con un círculo interior y otro exterior. Inhala el poder Divino dentro de tu cuerpo y después date la vuelta y ofrece la presencia al grupo, o si no, todos lo pueden hacer simultáneamente. Antes de hacer el hexagrama, se recomienda pronunciar unas pocas palabras de bienvenida, como por ejemplo:

*«Gran Cernunnos, Dios Encornado de la soledad
y de las bestias que habitan internamente,
ofrece tu poder, vitalidad y bendiciones al círculo
esta noche...».*

10. *Invocar a la Diosa* sigue el mismo patrón, pero siempre lo hace una mujer, de acuerdo con la mayoría de tradiciones Wicca. Nuevamente, se puede invocar un aspecto específico y apropiado (Diana, Cerridwen, Ma'at, etc.), o simplemente «Señora» o «Gran Diosa». Así puede empezar una muestra de invocación:

> *«Gran Deméter, Madre Tierra, te invocamos y te llamamos esta noche Mabon [festividad que celebra el equinoccio de otoño el 21 de septiembre] para celebrar la generosidad de Tu cosecha, los frutos de la Tierra, que nos has dado generosamente; y para pedir las continuas bendiciones de abundancia y prosperidad...».*

11. *Establecer el propósito* es importante para tener claridad y asegurarse que todos los presentes están de acuerdo. Puedes decir: «Estamos aquí para celebrar la luna nueva, la Doncella y Joven interior, y para trabajar la magia para el crecimiento y la curación en los días venideros...». O bien: «Nos reunimos para trabajar la magia para la purificación, bendición y protección de esta casa, el hogar de nuestra hermana Thea...», o lo que sea apropiado para el propósito de la reunión. Si alguno de los presentes tiene dudas acerca de la necesidad, estrategia, ética o tiempo del trabajo sugerido, ésta es la última oportunidad para expresarlas antes de que el trabajo comience.

12. *Obtener el poder* se puede hacer en cualquiera de las diversas formas que existen, como se mencionó con anterioridad. Un método muy común es canturrear una simple copla, como la siguiente, para un hombre que se siente temeroso por una próxima confrontación: «Marte poderoso, te imploramos esta gracia: ¡ayuda a Jack a sentirse fuerte y valiente!». Puede ser mucho menos artística: el Yo Joven no es un crítico de poesía. Lo importante es que sea simple e intensa. Un canturreo puede combinarse con una simple danza en círculo o con tamborileo o aplausos; o estos últimos se pueden hacer sin canturrear.

Otras formas de obtener poder incluyen canciones, pranayama (técnicas de respiración propias del yoga), o incluso golpear piedras al unísono. Esto puede hacerse de forma simple, repetitiva, rítmica y lo suficientemente prolongada para que todos los que participan del círculo sientan una intensa energía.

13. *Canalizar el poder* hacia el objetivo ocurre en el momento en que la energía llega al máximo. Esto se puede hacer simplemente visualizando el objetivo como si ya se hubiese logrado, o la energía puede ser enviada a través de un «testigo» o un «ligamiento de objeto», como ya se ha mencionado. Puede ser una imagen (como una foto), algo asociado con el receptor (por ejemplo, un anillo que pertenezca a la persona

que esté solicitando magia para conseguir prosperidad), o una parte real del objeto (un fragmento de pintura de la casa que deseas comprar). Por supuesto, si estás haciendo un trabajo para un individuo y él se encuentra presente, entonces el beneficiario puede pararse en el centro del círculo y recibir el poder directamente.

14. *Enterrar el exceso* de poder es una parte necesaria de la «higiene ritual». Ya nos hemos referido brevemente a esto con anterioridad, pero vale la pena ampliarlo un poco más. Suponiendo que has obtenido una cantidad significativa de poder, sentirás una sensación física fuerte, un hormigueo, una vibración o una especie de temblor en todo el cuerpo.

Normalmente, no toda esta energía será canalizada en su totalidad hacia el objetivo y se sentirá una vibración residual. Ignorar esto puede llevarte a la hiperactividad, tensión, desasosiego, irritabilidad y/o insomnio hasta que el campo de energía o «aura» se equilibre otra vez. Es mejor canalizar el exceso hacia la Tierra inmediatamente después de que hayas enviado todo lo que puedas hacia el objetivo. Con frecuencia es suficiente colocar las palmas de las manos sobre la tierra (o el suelo) durante uno o dos minutos. También puedes poner en tu regazo una piedra no muy grande y colocar las manos sobre ella. Asimismo puedes acostarte del todo en la tierra, sobre el vientre. Debes permanecer sensible a tu campo de energía y a tu cuerpo para saber cuándo ha terminado este proceso.

15. *Tortas y vino,* esto es, compartir comida y bebida después del trabajo es una parte agradable y valiosa de la tradición Wicca. Obviamente, no necesariamente tiene que ser tortas y vino; también sirve jugo de frutas o patatas fritas y salsa, a menos que el grupo del que formas parte tenga una tradición ritual específica de servir pequeñas tortas de forma semicircular, vino casero de hierbas o algo similar. En todo caso, los refrescos nos recuerdan que debemos mostrarnos agradecidos por la generosidad de la Tierra, nos ayuda a sustentarnos más y nos da la oportunidad de socializar y compartir la compañía mutua. Es una transición agradable de estado mágico de conciencia a la «realidad» ordinaria.

16. *Agradecimientos y despedidas* es lo que sigue. Frente al altar, agradece primero a la Diosa su presencia. En algunas tradiciones, se le dice «adiós» basándose en la teoría de que Ella se retira a una capa más profunda del ser, lejos de nuestra conciencia despierta o Yo Hablante. En mi caso, prefiero no decir adiós, ya que Ella siempre está con nosotros y dentro de nosotros, y quiero mantenerla cerca del conocimiento consciente.

a - destierro al Aire
c - destierro al Fuego

b - destierro al Agua
d - destierro a la Tierra

Para el Dios se sigue un proceso similar, por cualquiera de los nombres que haya sido invocado.

Después, da las gracias a los Guardianes (o Espíritus) de los «Cuartos» y diles «adiós». Algunos libros hablan de «rechazarlos» o «desterrarlos», pero yo prefiero trabajar en términos de cooperación y no de dominación. Comenzando por el Este, dibuja un pentagrama de «destierro del Aire» (o «Adiós al Aire») con su athame y pronuncia las siguientes palabras:

«Poderosos del Este, os agradecemos vuestra asistencia…
y si debéis marchar, os decimos: "saludo
[besa el athame y saluda con él] y despedida"».

Haz lo mismo para el Sur, Oeste y Norte. Debes sentirte en libertad de adaptar los términos. En vez de «Poderosos del Sur», podrías decir «Espíritu de Fuego» o «León Rojo del Desierto» o «Señora Brígida, Guardiana de la Llama», y así sucesivamente.

17. *Abrir el círculo.* Camina en dirección contraria a la de las manecillas del reloj con tu athame señalando la línea que has trazado previamente y visualiza llamas de luz que se extinguen o son absorbidas de regreso a su athame. Acabas de regresar al espacio y tiempo ordinarios y puede confirmarlo diciendo: «El círculo está abierto pero no interrumpido, ¡bendito sea!».

18. *Actuar en concordancia* significa trabajar en el plano material o en la «realidad mundana» para apoyar la magia practicada dentro del círculo y/o en otros planos. No debes sentarte a esperar que los resultados caigan del cielo. La magia es una ayuda para el resto de tu vida, no un remplazo para ella. Si realizaste la magia para curarte físicamente, también debes ayudarla con medicamentos herbales, una nutrición adecuada, la práctica de ejercicio, luz del sol, etc. Si realizaste la magia para expresarte de una forma más clara y positivamente, entonces ponte en situaciones

donde estas habilidades van a ser exigidas y practica lo que vas a decir con anticipación. Si llevaste a cabo la magia fue para fortalecer tu relación con el mundo natural, entonces ve un día al campo, aprende a diferenciar las aves o fotografía animales en el bosque. El Yo Joven y el Yo Superior te ayudarán en cualquier empeño que valga la pena, pero no esperes que ellos hagan todo el trabajo. Todavía eres es el canal a través del cual se manifiesta la magia.

Ejemplo de un ritual

Supongamos que estás luchando para solucionar un problema, tal como la adicción al alcohol (aunque el siguiente material puede ser adaptado fácilmente a cualquier adicción o exceso: comida, tabaco, cafeína, etc.). Al pedir consejo a través del tarot, aparecen el Mago y la Moderación en las cartas. Parece claro que la magia te puede ayudar, así que diseña un ritual para la abstención.

Durante una luna menguante, prepara un talismán saturniano. Saturno es el Dios (y planeta) de la disciplina, la limitación y el aprendizaje. En un pequeño cuadrado de tela negra, coloca una pieza de jade negro, ónix negro u obsidiana. Agrega una combinación de hierbas saturnianas como ciprés, bálsamo de gilead, consuelda, helecho, beleño, alto John el conquistador, hiedra, verbasco, trinitaria, olmo vidrioso, sello de Salomón e incluso asafétida (si puedes soportar el olor). Borda el sello o símbolo planetario de Saturno en hilo violeta sobre la bolsa; pliega y anuda con la misma clase de hilo.

Después, consigue una amatista en una montura de plata como pendiente; el cual puede ser llevado en un cordón o cadena de plata. No es necesario que sea un cabujón costoso o una joya tallada; una amatista rústica o una pulida de forma irregular pueden servir, aunque debe tener un color púrpura oscuro.

Si vas a estar trabajando en un espacio interior, decora el altar y el templo de negro con velas púrpura o violeta. Al aire libre, utiliza una tela de altar negra o una piedra plana sobre la tierra. Además de las herramientas usuales, coloca el talismán, el pendiente y un vaso o copa de vino invertido sobre el altar.

A la oscuridad de la luna, rocía el área y traza el círculo. Alerta y llama a los Cuartos. Invoca a la Diosa Hécate, «Sabia Crone, Señora de la Magia, Dama de la Luna Oscura, Guardiana de las Encrucijadas», para que pueda estar presente y prestar sus poderes en esta encrucijada de tu vida. Entonces, invoca a Saturno, «Dios de las Fronteras, los Límites y la Disciplina, Señor del Aprendizaje Supremo», para que te pueda enseñar la sabiduría y la limitación.

Cuéntales por qué los ha invocado.

Siéntate, reafírmate, enfócate y aclárate. Medita sobre las formas en que has permitido que el alcohol cambie tu vida y sobre cómo podría ser tu vida de ahora en adelante sin la adicción.

Obtén poder, tamborileando y canturreando en tonos bajos pero intensos:

«Para que caiga la hoja y los Poderes extraños,
pronuncio el nombre de Hécate:
¡Fortalece mi voluntad para detener mi mano,
para que me abstenga del alcohol!».

Puedes llevar puesto el pendiente y mantener el talismán en tu regazo mientras canturreas y tamborileas. Cuando el poder alcance su punto máximo, levanta el talismán y canaliza la energía hacia él.

Entierra el exceso de energía. Después, medita sobre el tiempo que te llevará abstenerte, restringir y resistir la tentación de beber y visualiza algo que tenga importancia para ti, enfoca la atención en ello, en lugar de hacerlo en la bebida. Revive la experiencia vívidamente; reexperimenta los sentimientos fuertemente, y cuando lo hagas y éstos sean claros, empuña el pendiente de amatista con un apretón firme y fuerte. Realiza esta secuencia nueve veces y cada vez trabaja para aumentar la intensidad y la profundidad.

Descansa un poco e imagina el nuevo futuro, libre de la adicción. Planea las maneras mediante las cuales conseguirás la ayuda de la familia, amigos y organizaciones, es decir, las formas en que «actuarás en concordancia» con la magia que has realizado.

Da las gracias a Saturno y a Hécate y a los poderes de los Cuartos y abra el círculo. Coloca un talismán bajo la almohada. Usa la amatista durante todo el día todos los días; si sientes la tentación, cógela y empúñala como has hecho en el ritual. Di en tu interior, «En el nombre de Hécate, ¡NO!». Después, instantáneamente, dirige la mente hacia otra cosa, a ser posible algo absorbente, exigente o desafiante. Más tarde puedes buscar un momento para reflexionar sobre la manera en que la magia ha actuado y para felicitarte por haber superado la tentación.

Debe notarse que has seleccionado para invocar Deidades que son efectivas para los paganos modernos, es decir, seguidores de las religiones orientadas hacia la Naturaleza. Los seguidores de otras creencias podrán realizar esta magia sustituyendo sus propios nombres e imágenes de la Deidad, preferiblemente con aspectos que se centren en la sabiduría y el autocontrol.

De nuevo se debe enfatizar el hecho de que el ritual solo no es suficiente: debes considerar, también, cambiar la dieta con nutrientes bajos en azúcar (una dieta «antilevadura»), cambiar los patrones sociales y de diversión y, posiblemente, unirte a un grupo de ayuda. También puede ser muy útil la sugestión hipnótica de un profesional experimentado. Recuerda, la magia no termina con el ritual: debes proporcionar un vehículo para que se manifieste en el mundo diario.

Resumen del ritual

Así que, ¿qué ha sucedido realmente en la magia ritual exitosa, más allá de los sucesos y adornos exteriores, de las velas, las túnicas y el canturreo? Primero, tu mente consciente ha escogido un objetivo, esperanzada en consultarlo con el Yo Joven y el Yo Superior, a través de la adivinación, la meditación, el trance, el arte de los sueños u otras técnicas de comunicación. Has comunicado claramente el resultado deseado al Yo Joven a través del lenguaje del ritual: canciones, colores, incienso, objetos o acciones simbólicas, etc. Pero nada se puede realizar sin energía, así que has obtenido poder, es decir, el Yo Hablante ha iniciado el proceso y el Yo Joven ha obtenido el poder de las fuentes exteriores en la Naturaleza. El Yo Joven ha canalizado entonces la energía hacia el objetivo a través del Yo Superior, el cual tiene la sabiduría y el conocimiento para utilizarla manifestándola en cambios dentro de nosotros o en el plano material. (En caso de magia para alguien más, por ejemplo, una curación, la energía se canaliza hacia el Yo Superior del receptor). Entonces tu Yo Hablante retorna del estado alterado necesario para participar en la magia a la conciencia ordinaria.

De esta forma, el ritual es un teatro para el Yo Joven, por medio del cual puedes comunicar conceptos que las palabras no pueden trasmitir. La magia también es un esfuerzo de grupo dentro de los varios aspectos de tu Yo, para dirigir la energía hacia una realidad trasformadora.

Lo importante para entender es el proceso; pero las formas precisas del ritual varían de un grupo a otro y de una tradición a otra. Aquí, por ejemplo, hemos reunido el grupo (si no se trabaja de forma solitaria) y formado el círculo alrededor de él. Pero en muchas tradiciones Wicca, la Alta Sacerdotisa (asistida por el Alto Sacerdote) forma el círculo y luego invita a los congregados a entrar a través de un acceso o portal creado. Lo importante es que el círculo se ha formado para contener y enfocar el poder y no permitir que entre distracción alguna. Precisamente, la forma como se hizo no es importante. Debes investigar en otras tradiciones mágicas de varias culturas en todo el mundo y buscar en todas ellas los elementos comunes. Éstas son las bases de la magia.

11

Encantamiento:
las técnicas de la magia

En el corazón de cada ritual, a menos que sea un ritual de celebración como un Sabbat, hay un hechizo, un trabajo mágico dirigido hacia un objetivo específico. Un hechizo puede ser muy elaborado o básicamente simple, solemne o poco complicado, demasiado largo o rápido. Puede incluir velas o hierbas, cristales o talismanes de pergamino, palabras de poder o meditación silenciosa, magia de caracteres o cordón, danza o tamborileo, canto o canturreo o bien ejercicios de respiración silenciosa. Para cualquier observador puede parecer una obra de teatro deslumbrante, llena de música, iluminación especial y danza con coreografía y disfraces coloridos; o bien puede parecer que se encuentra ante una persona sentada en una habitación vacía que no hace nada. Hasta aquí, todos los hechizos entonados, sean en estilo ceremonial o hermético, sean orientados por la Naturaleza o «brujo de cocina», son dirigidos hacia una comunicación vívida y precisa con el Yo Joven.

Los hechizos que se exponen a continuación son simples muestras para que las consideres; pueden ser trabajadas «tal cual», pero si las adaptas a tu propio estilo, serán más efectivas. Cualquiera de ellos puede ser realizado en el contexto de un círculo totalmente formado, con aspersión, Cuartos y todos los arreglos, al menos hasta que seas más experimentado y tengas un sentido claro de cuándo es necesario trazar el círculo y cuándo se puede prescindir de él.

Cuanta más intensidad psíquica y emocional puedas acumular y cuanto mejor enfoques tu objetivo, más efectiva será la magia. Recuerda siempre que debes considerar la ética de un hechizo antes de efectuarlo. Si existe la posibilidad de que éste manipule o afecte a otro individuo sin su permiso expreso y comunicado, entonces debes descartar el hechizo y preparar otro mejor. Obviamente, puedes gastar el mismo tiempo y energía planeando cómo «actuar en concordancia» que planeando el ritual.

Con estas indicaciones en mente, veamos algunos ejemplos de hechizos.

Un hechizo para calmarse y enfocarse

Material necesario

Una piedra redonda, muy suave, más pequeña que el puño; y algo de música grabada agradable.

El hechizo

Siéntate mientras sostienes la piedra y escucha la música en una habitación silenciosa en la casa o al aire libre, si el clima lo permite. Respira profunda y rítmicamente. Comienza inhalando a través de la boca y después exhala a través de las fosas nasales con una nota zumbante sostenida y prolongada. Con cada exhalación, suaviza más la nota y exhálala en un tiempo mayor. Exhala la tensión y ansiedad en la piedra. Cuando te sientas calmado y centrado, pon la piedra en la tierra, abre el círculo y sal. La piedra disipará la tensión en la tierra para que sea trasformada; si lo deseas, puedes recuperar la piedra después de uno o dos días para un uso posterior.

Actuando en concordancia

Asegúrate de que estás comiendo bien (¡nada de azúcar o químicos, por favor!) y que estás descansando lo suficiente y haciendo ejercicio. Medita sobre las causas de tu trastorno y busca formas de eliminarlas de tu vida o de trasformar tu actitud y percepciones de manera que se vuelvan positivas.

Un hechizo para aliviar la aflicción o la tristeza

Material necesario

Cualquier cosa digna de recordarse que tienda a evocar poderosamente la tristeza: cartas, pinturas, regalos, etc.;

y un objeto que te recuerde algún evento próximo que te pueda brindar placer (puede ser un mes de fiesta en el futuro, por ejemplo), unas mantas o almohadas.

El hechizo

Siéntate sosteniendo el objeto de recordación y deja que los sentimientos lleguen libremente. Di en voz alta la razón de tu tristeza. Es bueno gritar, dar alaridos o dar golpes. Encuentra una frase clave que exprese la tristeza y pronúnciala en voz alta una y otra vez. Visualízate ahora siendo sostenido muy cerca en los brazos de la Madre Diosa, quien te mece y consuela. Envuélvete en las mantas y las almohadas y muévete suavemente hacia adelante y hacia atrás mientras sientes su cálido abrazo.

Al cabo de un rato, mira el objeto nuevamente y permanece en el círculo durante todo el tiempo que sea necesario. Lo que alguna vez tuviste, siempre permanecerá en el corazón, siempre y cuando no le impidas que entre. Lo que te fue concedido era real y ayudó a moldear tu vida y no puede ser sacado nunca, mientras lo recuerdes y lo acaricies. Recuerda los buenos tiempos y, cuando estés listo, da las gracias a la Señora por haberlos tenido. Ahora, saca el objeto que te recuerda el evento próximo: una visita a un pariente o tu mejor amigo, una fiesta especial o una conferencia que podría ser excitante. Recuerda que la vida continúa, que hay mucho que esperar con ilusión: ésta es solamente una muestra de los buenos tiempos que tienes por delante. Pídele a Ella que cure tu dolor. Abre el círculo y acude a visitar a un amigo.

Actuando en concordancia

Después de que hayas visitado al amigo, siéntate y piensa de nuevo en tus objetivos en la vida. No te precipites a buscar o a conseguir de nuevo aquello que extrañas o que has perdido, al contrario, concéntrate mientras tanto en asuntos como la salud, la carrera profesional y el aprendizaje de nuevas habilidades. Sé gentil contigo mismo, pero no indulgente. Pasa el tiempo sobre todo con amigos leales y verdaderos o en un grupo agradable.

Un hechizo para el empleo

Material necesario

Una piedra imán o un magneto de ferretería pequeño pero poderoso.

El hechizo

Manteniendo la piedra o magneto, imagina vívidamente la clase de trabajo que deseas y los sentimientos que tendrás cuando trabajes allí. No imagines nombres, la apariencia del lugar de trabajo u otros detalles que puedan limitar tus elecciones. Habla en voz alta de las capacidades que tienes para conservar dicho trabajo, y pide que lo encuentres en un cierto número de días. Obtén poder y carga la piedra danzando o respirando. Al día siguiente, lleva la piedra o magneto contigo mientras haces seis contactos por día, hasta que obtengas el trabajo que deseas.

Actuar en concordancia

Al hacer los contactos para conseguir el trabajo, asegúrate de que tienes un currículum bien elaborado y asiste a las entrevistas vestido impecablemente, confiado y relajado. No limites tus posibilidades a los avisos clasificados; comunica a todas las personas que conozcas que estás buscando empleo y pregúnteles si saben de alguna oportunidad o si pueden hacerte alguna indicación. Llama también a las compañías u organizaciones que admiras, en las cuales crees que te sentirías bien trabajando. Solicita hablar con el director de personal acerca de futuras posibilidades con ellos, aunque de momento no haya nada disponible. Llama a dichas compañías de vez en cuando. Considera también puestos de trabajos ajenos al amplio campo para el que estás preparado; mantente alerta, sé curioso, pregunta, pregunta, pregunta.

Un hechizo para la bendición de una casa

Material necesario

Campanas, velas de luz azul, aceite ritual, un cristal de cuarzo grande, varias piezas de ónix u obsidiana y dos piezas de cuarzo rosado.

El hechizo

Consiste en tres pasos: purificación, bendición y sellamiento (protección). Reúne tu grupo y armonizad, pero no forméis el círculo inmediatamente. Comenzando en el centro de la casa, procede en el sentido de las manecillas del reloj a través de cada habitación y suelo, haciendo sonar las campanas y rociando agua salada. En el centro, armoniza nuevamente; después procede de nuevo, esta vez con las velas, y esparce romero en cada habitación. Si quieres puedes cantar o canturrear una rima de bendición, tal como «la Diosa bendiga esta casa abajo, el Dios Encornado bendiga esta casa arriba; la mantengan segura de noche y de día, y la llenen con Sus poderes y amor». Luego, regresa al centro, armoniza y forma el círculo. Sentado con las manos unidas, canturrea sin palabras (o utiliza «Evohe» o «Om») y amplía el círculo mágico con un henchido y poderoso círculo de sonido, hasta que abarques toda la casa y los terrenos. Después procede una última vez, con aceite ritual y piedras. El cristal grande permanece en el centro de la casa, donde fue cargado con el canturreo. Se coloca en cada puerta un guardia de ónix u obsidiana y se dibuja un pentagrama de invocación de Espíritu con aceite en cada entrada, puerta y ventana, chimenea o respiradero. Las dos piezas de cuarzo rosado se colocan a cada lado de la entrada principal dentro de la casa. El grupo regresa al centro para cantar y tomar un refresco. Abandona el círculo.

Una vez hecha la purificación inicial, la alegría y el humor no abandonarán la casa, serán el inicio de muchos momentos felices por venir. Si quieres tener un poema o canto al lado de la vela, entonces utiliza éste en alguna parte del proceso:

«Que este hogar esté libre de tigres salvajes,
Aquí solamente viven cosas mansas;
No se permite ningún espanto, gnomo o duende;
Ni turbas multicolores ni muchedumbres en movimiento.
Bendice todo dentro de estas paredes,
Sin importar si descansa o se arrastra.
Permite un clima suave adentro,
A aquellos que residen bajo esta cumbrera;
Y también, si no hay discernimiento
Entonces pizza, amor y felicidad.
Y si estas líneas parecen ligeramente desiguales,
Alégrate de que al menos riman en su mayoría».

Un hechizo para el amor

Material necesario

Dos velas, una blanca y una de tu color favorito, dos soportes, una tela de altar de color rosado y un trozo de tiza roja.

El hechizo

En el círculo, fundaméntate y céntrate. Medita sobre las ideas preconcebidas que tienes acerca de la pareja perfecta. Quizás tienes un candidato particular en mente para un romance. Libera el pensamiento de esa persona (podría ser muy poco ético trabajar la magia para hacer que cierta persona te ame; esto podría violar su libre voluntad y ponerte a ti en peligro por la Ley del Retorno). Libera todas las nociones de cómo debe ser tu amante perfecto, o qué carrera hace o, incluso, cómo se le oye. Éstas son cosas externas, y si te aferras a ellas, corres el riesgo de no fijarte en la pareja ideal, simplemente porque tu mente consciente está enfocada en superficialidades.

Cuando tu mente esté clara y abierta, sostén la vela de tu color favorito: ésta te representa. Medita y después menciona en voz alta todas las cualidades y energías que estás dispuesto a ofrecer para mantener una relación íntima, tales como «honestidad, expresión diaria de afecto, buen humor aun en los momentos difíciles y capacidad de escuchar atenta y sensiblemente…», etc.

Coloca de nuevo esa vela en el altar y levanta la blanca. Ésta representa a tu pareja ideal, cualquiera que sea. Expresa en voz alta las cualidades esenciales que deseas en una pareja y pídele a Afrodita que os junte en esta vida.

Luego, coloca las dos velas en sus soportes en extremos opuestos del altar. Dibuja un corazón en el centro con tiza roja, lo suficientemente grande para los dos candelabros. Después medita cada día durante unos pocos minutos sobre la relación amorosa perfecta y mueve las dos velas una pulgada más cerca. Si comenzó en luna nueva, entonces para la luna llena las dos velas deben estar tocándose en el centro del corazón. Cuando se encuentren, dibuja dos corazones más alrededor del primero, obtén energía cantando tu canción de amor favorita (o cantando junto con una grabación) y enciende las velas.

Actuar en concordancia

Mantén toda tu «antena» dispuesta durante los días en que continúe el ritual. Relaciónate mucho y ábrete para mostrarte más atento, perceptivo y receptivo de lo que normalmente eres. Haz a otros cumplidos, mantén conversaciones amistosas y algunos afectos. Contempla a los viejos amigos y conocidos con nuevos ojos y comprueba si el hecho de vencer tus prejuicios podría permitir que viejos afectos florecieran en un amor grandioso.

Un hechizo para la prosperidad

Material necesario

Algo de dinero y/o ilustraciones de dinero en efectivo, cheques y joyas para colocarlos en el altar (suponiendo que estás trabajando para la prosperidad material); tambores.

El hechizo

Por favor, ten en cuenta que practicar magia para conseguir riqueza no es algo equivocado ni irreverente, siempre y cuando asumas que la usarás de forma positiva. El dinero se coloca en el altar, no como un objeto de adoración, sino como un símbolo para tu mente consciente de lo que estás tratando de obtener. Puedes colocar una estatua de la Diosa u otro símbolo religioso detrás de la riqueza simbólica, como una recordación de que el dinero no es, después de todo, lo más valioso.

A continuación, procede. De pie, tamborilea y canturrea para obtener poder. El canturreo puede ser algo así como «Riqueza, riqueza, ven a mí, yo merezco prosperidad». Cuando el poder llegue a su punto máximo, imagina que hay un embudo trasparente y gigante encima de ti, y enormes cantidades de dinero, cheques y otras formas de riqueza descienden en cascada a través de él, para amontonarse a tu alrededor (o, al menos, el suficiente para suplir tus necesidades, más algo para donar a asociaciones benéficas). Da las gracias por la riqueza que sabes que va a ser dirigida hacia ti y abre el círculo.

Actuar en concordancia

Ahora es el momento de buscar un empleo si no lo tienes; o de pedir un aumento o un ascenso o de buscar un cargo mejor remunerado. Considera emprender nuevas empresas, cobra viejas deudas, pide el consejo de amigos y conocidos que son financieramente exitosos. Ábrete a la prosperidad ganada «sin perjudicar a nadie, y para el más grandioso bien de todos». Cuando la prosperidad empiece a llegar, haz donaciones voluntarias a organizaciones ambientales o de caridad e invierte en empresas sólidas que puedan multiplicar la inversión. Da siempre las gracias, y algo más que las gracias.

Un hechizo para un viaje seguro

Material necesario

Un trozo de malaquita o joyería de malaquita y un mapa que muestre la ruta de tu destino.

El hechizo

Invoca a Mercurio, Dios de los Viajes, y a Iris, la Diosa mensajera del arcoíris y pídeles que te protejan mientras viajas. Canta o respira profundamente para obtener poder y carga la malaquita. Después, con ella traza la ruta en el mapa, visualizándote viajando cómoda y seguramente; si pretendes hacer alguna parada durante el viaje, detente allí donde la piedra alcance ese punto en el mapa. De lo contrario, muévela en una línea suave ininterrumpida. Lleva la piedra contigo cuando te vayas o colócala en el vehículo de trasporte. Y cuando viajes, visualiza un pentagrama gigante de luz blanca en un círculo, rodeando el coche, el avión, el tren o el barco en el que viajas.

Actuar en concordancia

Si conduces, asegúrate de que el coche ha pasado la revisión antes de salir. Descansa lo suficiente la noche anterior y haz paradas en el camino para descansar. No sigas conduciendo si te sientes soñoliento y no confíes en los dulces, las bebidas o el café para mantenerte despierto: pueden reanimarte temporalmente, pero el siguiente salto en el nivel sanguíneo de azúcar puede ser peligroso.

Un hechizo para la autobendición

Material necesario

Un cáliz de vino o agua pura, una vela (blanca o azul pálido), un poco de sal y una hermosa rosa fresca.

El hechizo

Ésta es una adaptación de un hechizo encontrado en el libro *The Book of Pagan Rituals (El libro de los rituales paganos)*. Una vez se ha formado el círculo y has invocado a tus Deidades favoritas, rocía la sal en el suelo o en la tierra y permanece desnudo sobre ella. Sostén la vela por unos momentos, siente su tibieza y consuelo. Después, levanta el cáliz, respira profundamente y elévalo hacia la imagen de la Diosa mientras la visualizas ante ti. Di en voz alta lo siguiente:

«Bendíceme, Madre, porque soy tu hijo».
Sumerge los dedos en el cáliz y unta los ojos, diciendo:
«Bendice mis ojos, para que pueda ver Tu camino ante mí».
Unta los labios, diciendo:
«Bendice mis labios, para que pueda hablar Tu verdad».
Unta el pecho, diciendo:
«Bendice mi pecho, para que pueda amar bien, y sentir Tu amor por mí».
Unta la espalda, diciendo:
«Bendice mi espalda, la cual produce vida y placer, así como has producido toda la creación para complacerte».
Unta las manos, diciendo:
«Bendice mis manos, para que pueda hacer Tu trabajo con fortaleza y habilidad».
Unta los pies, diciendo:
«Bendice mis pies, para que siempre ande por tus caminos».

Preséntate con la rosa, sabiendo que es Su regalo de amor y de bendición para contigo. Sosteniendo la rosa, medita en silencio por un instante, mientras suena una cinta de música bonita; si lo deseas.

Actuar en concordancia

Cuídate, haz que tu persona te merezca un gran respeto y atención como lo harías con tu mejor amigo. Sigue una nutrición adecuada, descansa lo suficiente y mantente entretenido. Viste más elegante y cuidadosamente de lo que acostumbras, con tu ropa favorita. Date un trato especial: sal una noche con los amigos, obséquiate con un pequeño regalo, un viaje a alguna parte que siempre hayas deseado. Considera si hay aspectos de tu vida que te resultan aburridas o te hacen infeliz y planea ahora cómo cambiarlas.

Un hechizo para la autoconfianza

Material necesario

Cuatro objetos relacionados con tus habilidades o éxitos (cualquier cosa: desde un trofeo de bolos hasta herramientas talladas en madera o moldes para galletas); tela roja para colgar y para el altar; candelabros de bronce con velas rojas; un símbolo del sol grande y dorado, si puedes hacerlo o encontrarlo, y ropa roja para ti.

El hechizo

Después de que el círculo esté formado, se han llamado a
los Cuartos y se han invocado a las Deidades (casi cualquier Deidad sirve, pero las Diosas solares Amaterasu
Omikami, Bast y Arinna y los Dioses solares Ra, Helios
y Apolo son especialmente apropiados), coge el primero
de los objetos de tu éxito y sitúate frente al Este. Mués-
tralo a los Guardianes de ese Cuarto y explica qué es y
por qué representa un éxito en tu vida. Di en voz alta
«¡Estoy seguro!». Visualiza la energía ante ti e inhala profundamente, diciendo con voz recia: «Yo tengo el poder
del Aire». Repite el proceso en el Sur (Fuego), el Oeste
(Agua) y en el Norte (Tierra). Después, párate en el centro del círculo, rodeado de tus objetos de poder y medita
sobre todo lo que has alcanzado en la vida: los obstáculos
que has superado, los objetivos que has logrado. Si lo
deseas, escucha música movida mientras lo haces. A continuación, levanta los brazos y di con una voz poderosa:
«Yo soy Espíritu». Viste algo rojo durante los seis días siguientes.

Actuar en concordancia

Enfoca tus energías durante varios días en aquellas áreas
donde ya tienes confianza y éxito y dedica tiempo extra
a la gente que admira tu capacidad. Cuando inicies un
nuevo proyecto en un campo no conocido, pregúntate

qué habilidades, conocimiento y técnicas aportas a éste de otras áreas en las que ya te has puesto a prueba.

Un hechizo para la autocuración

Material necesario

Un cordón para atar alrededor de la cintura y un cáliz grande de agua pura y fría.

El hechizo

Una vez se ha formado el círculo, invoca un Dios curativo (como Esculapio o Apolo) y una Diosa curativa (Brígida o Hygeia). Medita un rato sobre tus sentimientos acerca de tu enfermedad o herida. ¿Estás frustrado? ¿Enojado? ¿Temeroso? Concentra todos los sentimientos negativos en el cordón que tienes puesto alrededor de la cintura. Susurra para ti, «Paz, amor y curación esperan afuera». Entonces, quítate el cordón y todo lo que contiene y arrójalo lejos, exclamando al mismo tiempo: «¡Libero toda la rabia, el miedo y la frustración!». Siéntate durante algunos instantes, inhalando paz y relajación.

Luego, comienza a recordar cómo te sentías cuando eras fuerte y saludable. Mantén una respiración profunda. Pon las manos en forma de copa y llénalas con una bola de luz radiante de color rosado, con toda la salud y fortaleza que recuerdes, derramadas en ellas. Mantente respirando salud y curación en la bola, hasta que la puedas sentir tangible en las manos. Coloca la bola lentamente en el agua del cáliz. Levanta el cáliz diciendo: «Gran Dios y Diosa, libero mi enfermedad (herida) y acepto las bendiciones que me ofrecen». Bebe toda el agua, sintiendo su energía torrencial en cada célula de tu cuerpo.

Actuar en concordancia

Descansa plenamente, bebe agua pura, procura hacer comidas naturales, aprovecha la luz del sol y practica cualquier ejercicio suave que puedas. Pasa tu tiempo libre con los buenos amigos y los seres queridos. Sigue el consejo de un curandero o un médico de confianza. Repite el hecho del cáliz, pero durante el resto del tiempo, enfoca la atención en proyectos creativos que te interesen. Piensa en las lecciones que podrías tener que aprender de esta experiencia, pero no insistas constantemente en ellas. Confía en que tu cuerpo y tu Yo Joven sanarán en el momento adecuado.

Técnicas

Los hechizos mostrados aquí incluyen una noción superficial de varias técnicas de magia, pero existen muchas más para escoger. Cada mago encuentra herramientas particulares o especialidades que se vuelven sus favoritas. Todas merecen que se les dedique un libro y la mayoría de ellas han sido tratadas extensamente por varios autores. Aquí sólo podemos dar una lista y aconsejarte que busques instrucción de practicantes con una buena reputación y experimentados en las técnicas que te atraigan:

* Palabras de poder (afirmaciones, hechizos y encantos...).
* Animales de poder, tótems y familiares.
* Magia de gemas y piedras.
* Magia de velas.
* Amuletos y talismanes.
* Trance.
* Arte de runa.
* Magia de cordón.
* Ciencia del árbol y magia.
* Símbolos, sellos e imágenes.
* Ciencia de los sueños.
* Magia herbal.
* Aceites e inciensos.
* Formas de pensamiento.
* Tamborileo.
* Trabajo de auras y chakra.
* Corrientes terrenales y líneas de pradera, uso de la varilla y del zahorí.
* Trabajo de senda en el Árbol de la Vida.
* Musdras o gestos sagrados.

Por supuesto, los sistemas mágicos de las diferentes culturas tienen, cada uno, sus propias especialidades. Puedes sentirte atraído por la magia del árbol de los celtas, el trabajo de los sueños senoi, el enfoque jívaro para los animales de poder, el feng-shui chino (conocimiento de las corrientes de poder, las direcciones y las relaciones espaciales de la tierra), los caracteres nórdicos (arte de la runa), los fetiches zuni o el método Seneca de la adivinación con piedras.

Sin embargo, ten cuidado con la mezcla de técnicas de varios sistemas: éste es un reto que les funciona mejor a quienes tienen un conocimiento sólido de los fundamentos y una estructura mágico-religiosa bastante fuerte en la cual pueden encajar las diversas partes. La mayoría de los practicantes de la magia comienzan por aprender las habilidades especiales de su tradición religiosa y, después de unos pocos años de entrenamiento, incluyen o adaptan técnicas compatibles de otros sistemas.

Tomar trocitos y partes de aquí y de allá, sin entender sus orígenes o relacionarlos en un modelo total de realidad o sistema de ética, es actuar como una corneja que devora cualquier cosa pequeña y brillante que encuentra. En el mejor de los casos, tendrás una confusión de trastos que no sabrás cómo usar efectivamente. En el peor de los casos, podrías ponerte a ti mismo o a otros en peligro. Así que es mejor invertir una gran cantidad de tiempo y esfuerzo en establecer una base sólida antes de que llegues más lejos en asuntos adicionales.

Existen muchos libros llenos de «recetas» de hechizos, los cuales pueden ser divertidos de explorar. Pero, cuando leas el hechizo de otro, hazte siempre estas tres preguntas:

✳ «¿Es ético?».

✳ «¿Entiendo cuál es la intención del trabajo, y por qué está organizado de esa manera e incluye las cosas que incluye?».

✳ «¿Cómo podría adaptarlo para mi mayor beneficio?».

Recuerda siempre que la magia está en el mago, no en el hechizo. Un hechizo bien elaborado es una herramienta, y punto. Cuando alguien me pregunta si un hechizo determinado es eficaz, mi respuesta inmediata es: «¿Para quién?».

12

Ética y peligros

Estos temas han sido mencionados de paso, pero es muy importante entenderlos cabalmente.

Pautas éticas

«Si no hieres a nadie, haz lo que quieras» es la regla que guía a los magos Wicca (y a otros benevolentes); es decir, «sigue tu verdadera voluntad, con tal de que no hagas daño a nadie».

¿Por qué? Primero, porque todos somos Uno, conectados en formas más sutiles y profundas de las que la mente consciente pueda conocer, tanto es así, que herir a otro es herirnos a nosotros mismos. Segundo, debido a la Ley del Retorno: «lo que enviamos, regresa a nosotros». Envía una maldición y serás maldecido. Envía amor y serás amado. Algunos la llaman la Ley del Triple y dice que lo que tú envías, vuelve a ti aumentado tres veces.

La mayoría de nosotros entendemos que es errado (y tonto) herir a una persona inocente con la magia, o forzar el amor de alguien que ha decidido terminar una relación. Pero ¿qué tal si usas la magia para castigar a un malhechor, y al ladrón que roba tu coche o al violador que aterroriza a tu vecindario? Hacer daño, aun a ellos, por rabia o por venganza, no puede ser bueno. Usa la magia para recuperar tu vehículo o para protegerse a ti mismo y a tus seres queridos de un ataque. Deja el juzgamiento y la retribución al Superior.

La magia bien intencionada también puede hacer daño si interviene en la vida de alguien más sin el permiso del individuo. Por ejemplo, tu tía Molly se enferma y, debido al cariño que le tienes, te ves tentado a hacer algo de magia curativa sin consultarle, ya que ella no cree en la magia.

Antes de intervenir, piensa. Ella tiene algo que aprender de esa enfermedad, de lo contrario, su Yo Joven y su Yo Superior no lo habrían permitido. Tal vez necesita aprender que puede confiar en otros miembros de la familia el cuidado de la casa cuando ella no está activa. O que es amada y que las personas acudirán a cuidarla cuando necesite ayuda. O, quizás, que puede confiar en la fortaleza de su cuerpo para que le ayude a recuperarse aun de una severa enfermedad. Puede que, simplemente, necesite un descanso prolongado y ésta es la única manera que ella misma se permita de tenerlo. Cualquiera que creas que sea la estrategia (enfermarse), hay una razón para ello, la cual debe ser respetada.

Como regla general, los magos éticos hacen el trabajo ritual para otros sólo si se lo piden y si la solicitud parece inteligente y apropiada. Además, las sacerdotisas y sacerdotes Wicca no cobran por el trabajo realizado en el círculo, y esta regla se podría recomendar para cualquier mago. (La excepción podría ser ciertas formas de adivinación, como el uso de la varilla zahorí en el agua o la lectura del tarot, lo cual no incluye por lo general la invocación de poderes superiores). La magia ritual de alquiler parece tener malos efectos tanto en el mago como en la calidad de la magia. ¿Y cómo no? Todos hemos visto los efectos de la comercialización en otros gremios. Para cualquier tarifa, considere estas coplas:

«Si pagas moneda por un hechizo mágico,
mejor tira el bolso a un pozo».
«Si pides moneda por un hechizo mágico,
mejor tira la varita al pozo».

Peligros

Llegamos ahora a los peligros involucrados en el uso, o mejor en el abuso, de la magia. Los principales son:

Desequilibrio de energía. El mago canaliza una gran cantidad de poder a través de su cuerpo. Si no se entierra el exceso, causa los síntomas mencionados anteriormente. Si obtienes el poder de tus propias reservas, quedarás agotado y débil.

Introversión excesiva. Es posible estar tan envuelto en las actividades de los planos internos y astrales que se descuidan los asuntos del plano terrestre: trabajo, familia, comidas, etc. La espiritualidad saludable requiere un equilibrio entre la actividad interior y la exterior: así que mantente en contacto con las cosas de este mundo. ¿Está disfrutando de la familia? ¿Te alimentas bien? ¿La casa está limpia y has cambiado el aceite del coche últimamente? Te puedes convertir en un adicto a la magia a tiempo completo, pero siempre necesitarás acordarte del papel higiénico cuando vayas de compras.

Corrupción. Junto con el poder de cualquier clase, mágico o mundano, se tiene la tentación de usarlo en forma negativa por rabia, miedo o codicia. Guíate por las reglas de la práctica ética y, cuando tengas alguna duda, escucha tu «campana interior» o solicita la guía de tu Yo Superior. Si tienes problemas para comunicarte con claridad desde tu interior, entonces acude a tus profesores o a otros a quienes creas que son éticamente fuertes y pídales su consejo. Las tentaciones surgen de vez en cuando, pero tu fortaleza moral crece cada vez que enfrentas un desafío de manera exitosa.

Interferencia de entes no materiales. Las energías utilizadas en la magia tienden a atraer la atención y la presencia de criaturas de otros planos de existencia. Recuerda que el círculo mágico existe «entre los mundos», cubriendo este nivel de realidad y los planos astrales. El cono de poder actúa como un faro de energía en estos otros planos y, naturalmente, los entes que viven allí lo notarán e investigarán. Algunos serán benevolentes, unos pocos podrían ser dañinos o incluso malignos, y la mayoría simplemente serán curiosos.

Así que no te sorprendas si tienes visitantes en el círculo. Sin embargo, no debes alarmarte.

Existen tres clases de seres no materiales que podrías encontrar, aparte de las Deidades. Éstos son espíritus elementales, formas de vida no humana y humanos descarnados («fantasmas»).

Los elementales, por supuesto, están invitados. Cuando evocas los poderes del aire, entonces los espíritus aéreos o sílfides se presentan. El signo del pentagrama invocador del aire, o mejor, la energía y la intención asociadas a él, los invitan y los mantienen más allá de la frontera del círculo. Tú deseas que las energías estén presentes y disponibles, pero no dominantemente activas dentro del círculo, no necesitas ráfagas súbitas de viento soplando en todas tus velas. Al mismo tiempo que atraes las energías del aire al círculo, estás evocando también las «cualidades del aire» tales como el intelecto y la imaginación desde tu interior.

Existen también espíritus elementales de fuego («salamandras»), agua («ondinas») y tierra («gnomos»). Son salvajes y poderosos en su estado puro, vivos pero no inteligentes. Si los tratas con respeto, firmeza y cuidado, serán aliados más que amenazas.

Existen otros entes que pueden llegar a tu círculo sin ser invitados. Éstos son seres extraños que viven en otras dimensiones de la realidad, y normalmente no tienen nada que ver con la humanidad. Pero algunos son muy curiosos y se acercarán sólo para ver qué está sucediendo. Aunque son capaces de hacerlo, rara vez causan fenómenos físicos como corrientes de aire que hacen parpadear las velas; no pueden o no entran en un círculo formado apropiadamente.

Estos entes responden quizás a muchas de las historias medievales acerca de «conjurar los demonios», los cuales estaban obligados a servirle al hechicero que los llamaba. Posiblemente, algunos de estos extraños entes estaban sólo «haciendo bromas», dándole gusto a las exigencias de los humanos tontos con un espíritu de perversa diversión.

Hasta ahora no hay duda de que los magos medievales temían a estos entes: tomaban minuciosas precauciones, trabajando desde dentro de un círculo triple y colocando un «triángulo de manifestación» exterior para confinar al ente cuando éste apareciera. Si estas formas de vida eran obligadas a cooperar, entonces los hechiceros podían haber tenido razón para temer: a nadie, humano o de otra forma, le gusta ser obligado.

Normalmente, tales criaturas son invisibles en las longitudes de onda evidentes para los ojos humanos; de hecho, existen en otro nivel vibracional. Cuando se «manifiestan visualmente» en ese plano, significa que podemos verlos psíquicamente con el «tercer ojo». Debido a que tal visión puede ser muy influenciada por la subjetividad individual, las criaturas pueden aparecer de forma diferente a diferentes observadores. Si esperas ver «un demonio» con ojos rojos y dientes largos, probablemente lo veas; y si esperas ver un ángel, lo verás en lugar de ver otra cosa.

En todo caso, la energía de vida del mismo ente se puede sentir, pero la forma en que se interpreta esta experiencia cambia de acuerdo con las creencias y emociones del perceptor.

De todas formas, si ves o sientes una presencia que observa tu ritual desde fuera del círculo, recuerda que probablemente es curiosa e inofensiva y desaparecerá tan pronto como se abra el círculo, si no antes.

El tercer tipo de ente sería un humano descarnado. Los fantasmas no son raros en las casas antiguas, en encrucijadas, cerca de los cementerios, etc. Generalmente, son personas que no se han dado cuenta todavía de que están muertas y por eso permanecen desorientadas y solitarias en lugares que les fueron familiares en vida. Como regla, los fantasmas son silenciosos y se aparecen solamente en las formas más sutiles: una leve vislumbre de movimiento, un ligero escalofrío o una sensación de presencia en una habitación «vacía». Es muy posible comunicarse con ellos, o incluso ayudarles a lo largo del siguiente mundo (aunque esto es materia para otro libro). Lo importante para recordar es que los fantasmas pueden ser distractores, pero son inofensivos, excepto quizás en circunstancias extraordinarias.

¿Hay algún peligro real de «los entes astrales»?

Normalmente no; pero podría haberlo si:

✳ Tienes un campo de energía débil o dañado debido al abuso de sustancias o a un trauma.

✳ Estás confundido mentalmente o incapacitado por ciertas drogas.

✳ Estás «des-espirituado» en el sentido chamánico (has dejado vacío tu cuerpo y lo has dejado abierto).

✳ Trabajas con alguna clase intensa de magia al margen de la protección de un círculo bien formado.

Entonces, es posible que te veas afectado e incluso poseído por un ente exterior.[2] Así que siempre es inteligente hacer el trabajo importante dentro del círculo; y si estás indispuesto mental, emocional o espiritualmente, entonces concéntrate en curarte antes de intentar llevar a cabo cualquier trabajo de magia diferente. Las personas equilibradas y saludables no tienen dificultades con los entes visitantes.

Éxito en los empeños equivocados. Si te precipitas en el trabajo mágico dirigido hacia tus objetivos conscientes superficiales, sin realizar un esfuerzo serio por entender tus necesidades y direcciones kármicas más profundas, puedes desperdiciar una gran cantidad de tiempo y energía metiéndote en caminos falsos.

«Conócete a ti mismo» es un buen consejo. Invierte cantidades de tiempo sustanciales en la autoexploración a través de la meditación, el trabajo de sueños, la regresión de vidas pasadas, la adivinación y la comunicación con el

---

2. Esto, a propósito, es muy diferente de invocar a un Dios o una Diosa, lo cual es, en parte, una expresión de la Divinidad, todavía y siempre dentro de ti.

Yo Joven y el Yo Superior. A partir de ahí, podrás enfocar tu magia hacia objetivos en armonía con tu voluntad verdadera, más que sólo hacia aquellos que parecen atractivos o «sensibles» a tu mente consciente.

Por fortuna hay un seguro incorporado contra el uso de la magia hacia un objetivo no apropiado: si el objetivo es errado para ti, generalmente el Yo Joven o el Yo Superior sabotearán tus esfuerzos y lo harán hasta que el Yo Hablante «lo advierta». Pero si el Yo Hablante rehúsa a poner atención, ellos podrían permitirte alcanzar un objetivo no apropiado, ya que eres demasiado obstinado para aprender, excepto por medio de la experiencia. Por ejemplo, puedes alcanzar finalmente tu objetivo consciente de convertirte en un fabricante de plásticos acaudalado, sólo para darte cuenta de manera miserable de que pudiste haber sido más feliz persiguiendo tu antigua fantasía de convertirte en un guardabosques.

Persecución. Practicar la magia es un comportamiento sospechoso en la sociedad occidental moderna, y lo es el doble para la magia Wicca. Las reacciones de los vecinos pueden ir desde «¡es un poco raro!» hasta «definitivamente tiene un problema mental» o «es un adorador del demonio». Es muy probable que uno pueda perder el empleo, ser víctima de los vándalos e incluso ser atacado físicamente por practicar la magia, aun entre las sociedades occidentales «civilizadas».

La mayoría de los magos evitan esto actuando con gran discreción, e incluso en secreto. Unos pocos prosperan mostrándose animosos y abiertos al respecto; otros prefieren establecer una sólida reputación como buen amigo y vecino. Es el estado intermedio, el cual parece más peligroso, donde la gente sabe que «algo misterioso» está sucediendo, pero nada más. Esta situación permite que la imaginación y el miedo se desborden, así que evita hacer insinuaciones ocultas o cultivar un aire de misterio.

Sí, la magia tiene sus riesgos, como los tiene cualquier actividad desafiante que valga la pena. Para practicar estas artes antiguas de manera segura y exitosa, necesitas seguir simplemente las pautas del sentido común. Procede lenta y cuidadosamente. Mantén tus prioridades y tus objetivos claros. Permanece centrado, equilibrado y con fundamento. No intentes hacer nada que no sea la autocuración si estás enfermo. Trabaja la magia sólo con el fin de lograr objetivos que valgan la pena y nunca para influenciar a otro sin su permiso. Sé discreto.

13

Tu educación mágica continúa

Anteriormente, en este libro, comentamos las formas de encontrar profesores y libros que te ayudarán en tu educación mágica; pero quizás el más grande profesor de todos es la Naturaleza, la fuente de todo poder mágico.

Aprender de la naturaleza

Un día de otoño despejado y soleado, un árbol me enseñó a utilizar su sombra para tomar decisiones difíciles. «Camina a lo largo de la sombra de mi tronco», dijo, «y cuando llegues a una bifurcación, sabrás que las dos sombras de las ramas representan tus dos principales opciones en cualquier situación... y lo que se encuentra oculto en la oscuridad de una de ellas es una tercera opción, la cual no ves al principio. Escoge una sombra, camina por ella y medita sobre las consecuencias de esa elección. Cuando llegues a otra ramificación, tu elección original te habrá llevado a un segundo punto de decisión: escoge un camino y avanza por él y mira a dónde conduce. Cuando desees, regresa e intenta con la sombra de otra ramificación y mira a dónde lleva. Mantén tu corazón abierto y tu mente silenciosa y yo te llevaré a una correcta elección».

Así habló el árbol, enseñándome una técnica de gran valor. Pero más que técnica, podemos aprender sabiduría. Los días al aire libre ponen las cosas en perspectiva, separan lo verdadero de lo falso y lo importante de lo trivial y purifican el espíritu. Sin el consejo de la naturaleza, un mago puede volverse fanático, «redoblar sus esfuerzos cuando ha olvidado su objetivo». Con él, recordamos quiénes somos y para qué es la magia.

Así que, ofrécete frecuentemente un regalo de contacto con la naturaleza. Camina por los bosques y observa las diferentes plantas y árboles cercanos y las señas de los animales. Pasea por la playa o por la orilla de un lago y comprueba qué tesoro ha barrido la marea a tus pies. Explora cuevas y experimenta su misterio silencioso. Escala un acantilado escarpado y observa a los halcones remontándose sobre el techo del mundo. Explora la vida de los pantanos, medita sobre un terraplén indio, toca las flores silvestres en la pradera de una montaña.

Tales actividades no son para precipitarse: no es «tiempo desperdiciado». Todas son importantes para tu crecimiento como mago y como ser humano habitante de este planeta. Y aunque puedes regresar de las expediciones a la naturaleza sin nada más tangible para mostrar que la pluma de un azulejo o un cristal de ágata, lo que lleves en el corazón será un tesoro mucho más grandioso que cualquier cosa que puedas llevar en las manos.

Cuando pienso en la mayoría de momentos mágicos de mi vida hasta ahora, pocos ocurrieron en los rituales bajo techo. He dado culto en un altar en el corazón hueco de una secoya gigante y he esculpido Diosas de la Tierra de arcilla en las entrañas oscuras y silenciosas de una cueva profunda. He visto el deporte de los sellos silvestres en las grises aguas de la península olímpica y he excavado buscando huesos de dinosaurios de las secas pendientes de la cordillera Morrison y he caminado los caminos Anasazi para levantar vasijas de mil años de antigüedad del suelo de Nuevo México. He atravesado el solitario Dartmoor hasta Greywethers y, en esos círculos de piedra azotados por las tormentas, he sentido, a mi paso, despertar las energías antiguas.

Éstas fueron experiencias mágicas, donde los espíritus de la naturaleza me enseñaron lo que nunca podría haber aprendido entre cuatro paredes.

Recuerdo una de mis primeras experiencias, cuando tenía ocho o nueve años de edad y vivía en una casa grande con inmensos robles viejos sembrados a su alrededor. No eran «sólo árboles»; eran fortaleza, solidez y mantenían en su madera cien soles de verano y nevadas de invierno. La casa se encontraba en frente del «abuelo» de los robles, y sus ramas daban sombra a todo el patio, así como a la ventana de mi dormitorio en la segunda planta. Durante la noche, la Diosa Luna se elevaba y resplandecía a través de su vasta corona de oscuridad y hojas crujientes, creando patrones de luz y sombra en las paredes de mi dormitorio. Yo sentí una presencia sagrada entonces, sabía que en las noches las teologías de los hombres eran cuidadosamente guardadas y las puertas de la iglesia cerradas con llave, pero los poderes de la naturaleza vivían y se movían aún en la quietud de la oscuridad.

Ése era mi árbol favorito. En tamaño competía con cualquiera de los robles del Bosque, donde Robin Hood pudo haber escondido toda su banda en un solo árbol. El camino que discurría frente a la casa se torcía de repente para esquivar el árbol (el cual había reclamado su lugar generaciones antes de que el camino existiera) y pasaba a sólo unas pulgadas de su tronco. De niña solía trepar al árbol durante horas y de vez en cuando veía pasar los automóviles por debajo sin que su conductor se percatara del infante vigilante, escondido sobre su cabeza. Allí comencé a absorber algo de la paz y de la gran perspectiva del sauce, que estaba inmerso en la experiencia de existir... sus rugosas raíces bebían agua fría del rico suelo húmedo, su enorme corona de juncos se remontaba vertiginosamente exponiéndose a los vientos en el cielo lleno de sol. Mis interminables horas de verano en sus ramas fueron sólo un parpadeo en la venerable historia de su existencia; pero yo me sentía más una parte de él que de los conductores que llegaban en sus máquinas cerradas debajo de nosotros.

Años más tarde, caminaba por la playa de Puget Sound en un festival pagano en el estado de Washington. El cielo estaba gris, las aguas tempestuosas y picadas y una fina niebla fría ocultó la lejana costa. Vi las cabezas oscuras de los sellos meneándose y pude sentir el agua fría deslizándose sobre mí, las profundidades oscuras debajo, los cielos borrascosos arriba, el ímpetu en mi alma. Las sensaciones hablaban al Espíritu-Delfín en mi interior y conocí el parentesco con los mamíferos del océano. Cuando regresé a la playa, descubrí maravillosas piedras a mis pies: algunas de color verde pálido, algunas del blanco lechoso de la espuma, algunas con parches negros y blancos a las cuales llamé «piedras orca» en honor a las ballenas que recorrían esas aguas. El poder del mar y de la costa estaba en las piedras; y algunas regresaron a Winsconsin conmigo. Ellas son los huesos de nuestra Madre Mar.

Una vez busqué huesos de otra clase en las colinas y mesetas altas de Colorado, en la formación Morrison. Hace más de doscientos millones de años, los dinosaurios vivieron allí y sus millares de huesos están incrustados en estas pendientes áridas. Cavé para encontrar sus huesos, pero la mayoría de los que encontré estaban negros; podridos y descompuestos, parecían más de carbón de leña que de marfil. Agazapada allí bajo el sol en esas colinas desoladas, ¿para qué estaba cavando en realidad?; yo no necesitaba huesos. No, yo estaba buscando un talismán, una liga mágica que me permitiera remontarme en el tiempo y entender a una criatura muy diferente de mi especie, pero quizás ancestral en cierto sentido. Aquel día no pude continuar; encontré más magia en el viento y el sol y en la soledad que la que había hallado en los fragmentos de hueso.

Algunas veces hay más misterio en los parajes antiguos de la humanidad que en los vestigios más antiguos de una especie extinta. En una altiplanicie en las montañas del norte de Nuevo México, a unos pocos minutos de camino de un trecho de casas modernas hay un sendero cubierto de rocas; el camino ha sido desgastado tres pies de profundidad en algunos lugares, por las sandalias de la gente anasazi, quienes una vez vivieron a una milla o dos de distancia. Sus vasijas llenan el suelo del valle, sus viviendas se asoman a las rocosas fachadas no lejos de allí, pero sobre la altiplanicie no hay vasijas, ni petroglifos, ni una sola piedra puesta sobre otra como señal de que este lugar fue conocido y utilizado. Solamente una densa arboleda en la roca, el profundo boscaje en roca sólida, gastada por el paso de miles y miles de pies de muchas generaciones. Pensé que quizás podría utilizarse como un lugar ritual, pero uno que no exigía altar ni templo. Aquí vislumbré la magia de vivir ligera en la tierra, alguien diferente a la de una hija de una raza de ingenieros y constructores de ciudades. Los anasazi no están tan distantes de nosotros, medidos por el lapso de vida en la Tierra, y quizás sus esperanzas y temores no eran tan diferentes de los nuestros: no obstante, ellos crearon otra forma de vida total… y si pudiéramos ver el mundo a través de los ojos de los anasazi, esa magia podría significar supervivencia para nuestra especie.

Esa altiplanicie silenciosa en las Montañas Jemez pudo haber sido un lugar especial de poder; Greywethers en Inglaterra ciertamente lo es, porque así pude comprobarlo. Visité Dartmoor en Inglaterra por su belleza agreste y solitaria y debido a la cultura de la Edad de Bronce que había florecido allí hace miles de años. Estuve haciendo auto-stop con un amigo, quien decidió pasar varios días en Londres. Yo preferí caminar por los pantanos. Éste es un terreno quebrado, cubierto de brezos, habitado ahora por unos pocos ponis salvajes y la piedra es la misma de tiempo atrás. Aquí, un puente de piedra atraviesa el río Dart; hay una choza en forma de colmena que se adormece vacía en la tibieza del verano. Nadie conoce a mucha de la gente que vive allí, ni sus leyendas ni sus canciones, tampoco los nombres de sus dioses. Pero sabemos que entendieron las energías y corrientes de la Tierra, y aparentemente pudieron moldearlas y dirigirlas en formas que ya hoy no conocemos. Greywethers consiste en un par de círculos grandes de piedra, los cuales se interceptan o se tocan en un punto; las piedras están uniformemente espaciadas varios pies unas de otras, pero no son tan altas como las grandes rocas areniscas de Stonehenge, ni tienen su forma. Las vi primero cuando subía con dificultad por una pendiente prolongada; cuando se asomaron en la cima de la colina, ellas, más que yo, parecían estar marchando y moviéndose rítmicamente sobre la elevación al mismo tiempo que mis pasos. Cuando las vi me acerqué, y un cúmulo de nubes fueron arrastradas desde el mar oscureciendo el cielo. Los truenos retumbaron y yo seguí caminando. Cuando puse un pie entre las piedras, las nubes se abrieron y un diluvio inundó los pantanos. Tenía que recorrer muchas millas para poder encontrar un refugio, así que seguí moviéndome a través del primer anillo y luego del segundo. A mi alrededor sentía una sensación de poder ilimitado, concentrado, moldeado y bien cercano a lo eterno. Mientras caminaba en el lado lejano del segundo círculo, la lluvia cesó abruptamente; cuando bajaba por el lado de la colina, las nubes se movieron y el sol volvió a salir. Existe poder sobre la Tierra y dentro de ella. Se puede sentir en las cuevas, en las entrañas de la Madre, de la cual ha nacido silenciosa y paciente. Con mi congregación, escalé y serpenteé en el interior de un túnel húmedo, largo y escabroso y encontré una cámara profunda revestida con arcilla. Nos sentamos y moldeamos Diosas de la Tierra bajo nuestra escasa luz, hablando suavemente y a veces canturreando canciones a Ella, al final de un largo viaje. O, ¿era éste el final? Había un sitio allá atrás y justo alrededor… a través del cual uno podía escabullirse más allá en la oscuridad si se tenía suficiente fortaleza y valor. Los túneles de la cueva serpenteaban y giraban, finalizaban de repente y luego ofrecían una grieta inesperada girando en otra dirección. Son tan sorprendentes e impredecibles como la vida misma, pero tienen una lógica y un patrón fundamental que los espeleólogos apenas están empezando a apreciar. Podemos ver y murmurar formaciones de las cuevas, columnas elevadas y estalactitas cremosas, láminas de depósitos calcáreos centelleantes y flores de yeso delicadas; vislumbres instantáneas de un proceso que ha estado sucediendo repetitivamente durante milenios. Yo he visto los pináculos relucientes de ónix de la cueva, pero también he visto cristales de calcita increíblemente pequeños formándose en una simple gota de agua –los cristales que construyen esa magnificencia.

Práctica y experimentación

Ya sea que aprendas de los profesores o de la naturaleza, de los libros o de las memorias de la magia trabajada hace mucho tiempo en sus vidas pasadas, la efectividad vendrá con la práctica constante y la experimentación cuidadosa.

Si estás trabajando con un grupo, bajo la guía de un profesor experimentado, entonces, sin lugar a dudas, construirás un cimiento de habilidades básicas y luego avanzarás a una magia más inusual y desafiante. Un día, quizás, investigarás los efectos de los patrones del tamborileo ritual en el sistema nervioso humano, o trabajarás para contactar con inteligencias cetáceas o buscarás conexiones de vidas pasadas o explorarás las energías astrológicas de planetas lejanos o rediseñarás el tarot como una herramienta curativa y de trasformación.

Si estás trabajando solo, o intercambiando ideas y experiencias con un compañero mágico, entonces debes proceder lentamente y enfocarte en las habilidades fundamentales: afirmarte y centrarte, concentrarte, formar el círculo, obtener poder por varios métodos y realzar los hechizos. Además, la adivinación suministra un enorme y fascinante campo de estudio: mira el tarot, el I Ching, los caracteres, la astrología, etc. y escoge uno para explorar.

Existen otras formas de magia y actividad psíquica que es mejor que el principiante evite, al menos hasta que tenga el apoyo de amigos y profesores, así como alguna experiencia en las bases. No intentes formas avanzadas de obtener poder (tales como el yoga kundalini), las cuales quizás tengan un mayor impacto en tu campo de energía o en los latidos de tu corazón; de hecho, no trates de entrometerte con alguno de los ritmos fisiológicos naturales a menos que tengas el entrenamiento y la supervisión de un profesor experimentado. No hagas trabajos fuera del cuerpo, tales como viajes astrales o viajes chamánicos al inframundo, sin contar con enseñanza y apoyo. No trates de hacer trabajos mayores de curación en otras personas sin la supervisión responsable y, por supuesto, sin el permiso del receptor. Además, en todo caso, es mejor intentar el contacto directo con las inteligencias astrales o entes de otros mundos en compañía.

Hasta ahora no hay una forma simple de obtener una educación mágica amplia y completa. Podría ser encantador si uno pudiera ingresar en la «Universidad Taumatúrgica» y registrarse para estudiar los Principios de la Adivinación Occidental, el Tamborileo ritual, los Caracteres nórdicos, y matricularse en un seminario de Corrientes de la Tierra y líneas de pradera 404X. Pero es más probable que tu aprendizaje se produzca por partes y en trozos, de muchos y diferentes profesores en un largo lapso de tiempo. Gran parte del conocimiento mágico del mundo está perdido o fragmentado, y mientras tenemos maravillosas redes de comunicación a través de las cuales podemos compartir todo lo que se sabe, es tarea de toda una vida empezar a aprender en este campo.

Conclusión

He escrito acerca de la magia en estas páginas; sin embargo, la verdadera magia no se encuentra en libros, herramientas o conjuros, sino en el corazón y el espíritu creciente. En la medida en que hayas escogido conscientemente una nueva dirección para tu vida y la hayas hecho realidad, ya eres un trabajador de la magia. Los libros y los profesores pueden ayudarte a ser un mago más eficaz, pero ya tienes la magia en tu interior.

Si hasta ahora has evitado y te has resistido a que se produjera un cambio en tu vida, todavía no eres el Ser Mágico que puedes llegar a ser. Al fin y al cabo, no puedes saber de lo que un mago está hablando hasta que no comiences a trabajar la magia y a sentirla en tu interior.

Muchas personas se sienten atraídas por el misterio y el encanto de la magia, pero se encuentran con que son incapaces o se muestran renuentes a realizar el esfuerzo que exige la competencia. Permanecen como aficionados o se contentan con fantasear. Esto también está bien; estas personas tienen otra senda a seguir y pueden llevar a cabo muchas cosas en el plano terrestre, incluso sin encender una sola vela.

Pero si la magia es parte de tu senda, ésta te llevará a un mundo, el cual es el lugar más profundo, más rico y más vívido que hayas conocido, lleno de señales y maravillas, pero visto con visión de estrellas.

La magia puede ayudarte a encontrar y a seguir una senda que es sólo para ti, sobre la cual nadie más podrá caminar. Te puede ayudar a saber que eres único, con todo lo que esto significa, cada árbol, cada halcón, cada piedra… y a experimentar la sensación de pertenencia que rinde tal conocimiento: puede conducirte al Dios o a la Diosa interior y poner en tus manos tanto poder y responsabilidad como nunca hayas soñado… y liberar el amor y la sabiduría que se debe tener para manejar ese poder «sin perjuicio para nadie y para el bien de todos».

Recuerda, la magia está en tu interior.

Apéndice

Glosario

Adivinación: Arte o práctica de prever tendencias futuras o de descubrir el conocimiento oculto, utilizando herramientas como el tarot, el I Ching, las piedras nórdicas, las piedras de echar o piedras de mostrar. La adivinación es útil antes de trabajar la magia ritual.

Afirmación: Oración diseñada como mensaje al Yo Joven, la cual, repetida en intervalos frecuentes, ayuda a la autotrasformación.

Agua: Elemento correspondiente al Oeste, al verde claro y al plateado, a las emociones y a la intuición.

Aire: Uno de los cuatro elementos clásicos, el cual representa la mente, el intelecto o la imaginación; corresponde al Este y al color azul.

Alquimia: Sistema filosófico que floreció durante la Edad Media y que buscaba purificar y perfeccionar al practicante, al mismo tiempo que creaba simbólicamente experimentos químicos en el plano material; la química moderna es una de sus ramas, aunque ya no incluye los elementos espirituales.

Altar: Superficie plana diseñada para colocar los símbolos y herramientas rituales; en muchas tradiciones mágicas, se coloca en el Este.

Amuleto: Artículo pequeño hecho de sustancias naturales, tales como madera, piedra o conchas, cargado para un propósito mágico, como la protección, el cual puede llevarse o ser utilizado como pendiente.

Animales: Presentes en la magia como familiares (compañeros y ayudantes psíquicos), como aspectos del Yo Inferior Huna (el subconsciente identificado con un mamífero en particular), como animales de poder (espíritus animales que guían, protegen y dan poderes a los individuos) y como animales tótem (aquellos espíritus que hacen lo mismo para clanes o tribus).

Apariencia: Cualquier actividad mágica avanzada en la que el practicante manifiesta un aspecto particular de la Diosa o Dios en el pensamiento, los sentimientos, el comportamiento, la forma de hablar o de aparecerse.

Armonización: Actividad que lleva las mentes, emociones y psiquis de un grupo a la armonía previa al ritual; los canturreos, el canto y los ejercicios de meditación y respiración dirigidos, son formas comunes de armonizar.

Aspectos: Formas, facetas o personalidades de la Deidad: por ejemplo, Artemisa, Perséfone y Kore son aspectos de la Doncella y ésta es un aspecto de la Diosa; Helios, Ra y Apolo son aspectos solares del Dios. «Todas las Diosas son una Diosa; todos los Dioses son un Dios».

Aspersor: Véase «Tus herramientas rituales» en el capítulo 9.

Aspersorio: Véase «Tus herramientas rituales» en el capítulo 9.

Astrología: Estudio de las relaciones y los movimientos de los planetas y de cómo se relacionan con las cualidades humanas y los eventos.

Asumir la forma del Dios: Véase «apariencia».

Athame: Véase «Tus herramientas rituales» en el capítulo 9.

Aura: Campo de energía del cuerpo humano y especialmente la porción radiante visible al «tercer ojo» de la visión psíquica, la cual puede revelar información acerca de la salud de un individuo y del estado emocional.

Báculo: Herramienta llevada por algunos magos, la cual puede ser utilizada en lugar de una varita e incluso de un athame (*véase* «athame» y «varita» en «Tus herramientas rituales» en el capítulo 9). Tradicionalmente, los báculos son hechos de una de las maderas sagradas celtas, como el roble o el fresno; en los tiempos medievales se le podía grabar una forma fálica en un extremo, como una bellota y ser disfrazado como una escoba en caso de que los inquisidores lo incautaran. También era utilizado como un palo para caminar cuando se viajaba por terrenos escarpados; en Beltane, los danzantes pudieron haberlos montado como caballitos de juguete.

Bolline: Véase «Tus herramientas rituales» en el capítulo 9.

Brujería: Véase «Wicca».

Brujo: Sacerdotisa o sacerdote de la religión antigua, Wicca. Las brujas reales mantienen poca o ninguna semejanza con las hechiceras cacareadoras en palos de escoba del Halloween; ese estereotipo se popularizó por la Inquisición durante los tiempos medievales, por razones políticas y económicas. Las brujas verdaderas se parecen mucho más a cualquiera de sus vecinos y tienden a ser buenos vecinos y buenos ciudadanos.

Caldero: En el ritual es un símbolo de renacimiento de la mitología celta y algunas veces se utiliza para calentar preparaciones curativas herbales o para cocinar la comida de una fiesta de sabbat o día de descanso.

Cáliz: Véase «Tus herramientas rituales» en el capítulo 9.

Cambio de forma: Apropiación de una forma o apariencia animal por un mago humano. Todo el mundo ha escuchado aterradoras historias de hombres lobos y vampiros, pero generalmente el cambio de forma se lleva a cabo por los chamanes tribales con propósitos espirituales totalmente benignos.

Campana: Véase «Tus herramientas rituales» en el capítulo 9.

Canturreo: Vocalización armoniosa de palabras clave, nombres o frases, con propósitos rituales. Se puede utilizar para armonizar, entrar, obtener poder, entrar en trance o celebrar.

Caracteres: Alfabetos utilizados en los idiomas teutones y nórdicos antiguos; son importantes componentes en la magia y los mitos nórdicos y todavía se utilizan en la adivinación; cada letra o carácter tiene un significado adivinatorio tradicional.

Carbón de leña: Véase «Tus herramientas rituales» en el capítulo 9.

Cargar: Infundir energía intencionalmente, como para «cargar un talismán con energía curativa». *Véase* «obtener poder». La energía puede ser trasferida a distancia o durante el contacto físico con el objeto.

Centrarse: Proceso de trasladar la conciencia de uno a su centro espiritual o psíquico, de llevarla a un sentimiento de gran paz, calma, fortaleza, claridad y estabilidad.

Chakras: Nexo o puntos focales del campo de energía humano: existen siete chakras principales en línea desde la parte superior de la cabeza hasta la base de la médula espinal, así como muchos otros pequeños. Un aspecto importante de la curación es poder sentir e influenciar en los chakras.

Ciclo lunar: Ciclo de aproximadamente 28 días durante el cual la fase visible de la luna aumenta de oscura a llena y disminuye a oscura nuevamente; una gran parte de la magia está relacionada con las energías presentes en las fases (*véase* «Medir el tiempo del trabajo» en el capítulo 9).

Cimentación: Reforzar físicamente las conexiones de uno con la tierra, reabriendo un canal de energía entre su aura y la tierra.

Cíngulo: Véase «cordón» en «Tus herramientas rituales» en el capítulo 9.

Círculo: Véase «formar el círculo».

Congregación: Asamblea de brujos que se reúnen regularmente para celebrar su fe y trabajar la magia. Varían en tamaño, de tres a veinte o más, aunque la mayoría de grupos limitan su tamaño a trece o menos. Las congregaciones son autogobernadas y varían ampliamente en sus estilos e intereses. Algunas congregaciones están afiliadas a alguna tradición particular (denominación) de la brujería, mientras que otras son eclécticas.

Cono de poder: La energía obtenida durante la magia es imaginada como un cono, la cual, en su nivel máximo es liberada hacia un objeto específico.

Consagración: Dedicar o entregar solemnemente algo o alguien a un propósito sagrado y/o al servicio de una Deidad; por ejemplo, consagrar una herramienta ritual al propósito de la protección, o consagrar una sacerdotisa al servicio de Artemisa.

Consejo Wicca: La ética de la brujería está resumida en nueve palabras: «si no lastimas a nadie, haz lo que quieras»; lo que significa «siempre y cuando no hagas daño a nadie, sigue tu guía interior, tu verdadera voluntad».

Cordón: Véase «Tus herramientas rituales» en el capítulo 9.

Cuartos: Especie de abreviatura para denominar los cuatro poderes elementales y los rumbos a los que corresponden; *véase* «llamar» y «despedir» los Cuartos, también «elementos».

Cuerda: Línea o fuerza invisible que se extiende desde un ser u objeto a otro, a través del cual se influencian mutuamente; todas las cosas están conectadas por cordones de energía, pero los cordones principales tienen un efecto poderoso y su entendimiento y uso es una parte clave de la magia.

Curación: El objetivo de gran parte de la magia, especialmente entre las tradiciones espirituales orientadas hacia la curación, como la Wicca. La curación se puede llevar a cabo por la imposición de las manos, la manipulación mental de energías psíquicas, la visualización, los viajes espirituales; el trabajo del cristal, la herbolaria u otros medios. En una situación ideal, se realiza solamente con el consentimiento expreso del «paciente».

Deosil: Sentido en el que giran las manecillas del reloj o del Sol. Ésta es la dirección en la que la sacerdotisa o el sacerdote se mueve cuando forma el círculo, llamando los Cuartos y otros afines: es el movimiento de atracción, creación y crecimiento. *Véase* «widdershins» (movimiento contrario al de las manecillas del reloj) para lo contrario.

Deshacer: Abrir el círculo al final de un ritual caminando en el sentido contrario al de las manecillas del reloj y atrayendo la energía del círculo hacia la espada o athame.

Despedir los Cuartos: Término usado para liberar o decir adiós a los espíritus de los elementos (Aire, Fuego, Agua y Tierra).

Destierro: Ahuyentamiento; utilizado por algunas tradiciones como el procedimiento para liberar los espíritus elementales de los Cuartos al final del ritual.

Deva: Un espíritu, generalmente el espíritu colectivo de la naturaleza de una variedad de vida vegetal. Por ejemplo, la deva manzanilla es la esencia de todas las plantas de manzanilla; y cuando se siembra, se cosecha o se usa, muchos magos orientados por la naturaleza se comunican con esa deva.

Días planetarios: Cada día de la semana es especial para uno de los planetas (o la Luna o el Sol) y la energía que éste representa; *véase* «Medir el tiempo del trabajo» en el capítulo 9.

Echar: En adivinación, tirar piedras, varas u otros objetos sobre la tierra o sobre una prenda o tablero especial y obtener discernimiento de sus patrones y relaciones.

Elemental: Un ente o espíritu que expresa la energía de uno de los cuatro Elementos. Los elementales de Aire son llamados sílfides, los del Fuego son salamandras, los del Agua, ondinas y los de la Tierra son gnomos.

Elemento: En la magia clásica, Tierra, Aire, Fuego o Agua, cada uno de los cuales representa una clase de energía dentro del universo y forman todos juntos (con el espíritu) la realidad que conocemos. Se pueden ver listados en esta sección y en el Apéndice.

Encanto: Hechizo mágico canturreado o recitado, o un conjuro, también es otra palabra para amuleto o talismán.

Enterrar: Enviar a la tierra el exceso de energía; se hace después de que se ha obtenido la energía y se ha enviado a su objetivo.

Envío: Generalmente se refiere al lanzamiento de poder obtenido durante un ritual hacia el objetivo deseado, pero también se puede referir a la trasmisión de mensajes telepáticos o al envío de un ente a cumplir con una tarea específica.

Esbat: Reunión de brujos para celebrar una cierta fase de la luna (generalmente la luna llena), para trabajar la magia y socializar; proviene de una palabra francesa que significa «retozar».

Escoba: Báculo mágico de los brujos durante la Edad Media, que pudieron haber sido disfrazados de escobas como medida de seguridad contra los agentes de la Inquisición, institución que perseguía a todo aquel de quien se sospechara que tenía atavíos mágicos.

Espacio sagrado: Por supuesto, todo espacio es sagrado, pero el término se refiere usualmente al área encerrada cuando el círculo se ha formado. *Véase* «formar el círculo».

Espada: Véase «Tus herramientas rituales» en el capítulo 9.

Espéculo: Otro término para «espejo mágico».

Espejo mágico: Espejo oscuro o negro en el que un mago puede ver imágenes con su «tercer ojo» o visión psíquica; la interpretación de esas imágenes suministra información acerca de eventos futuros o posibles, o intuiciones dentro de la naturaleza propia del mago. *Véase* «proyección».

Espíritu: Componente no físico e inmortal de un ente; el alma. Algunos espíritus están encarnados, es decir, tienen cuerpos materiales; otros son descarnados, no residen por el momento en un cuerpo. Existen espíritus humanos de varias clases, espíritus naturales, espíritus de entes en o de otros planos y espíritus «angélicos» o «superiores». La «canalización» es una forma de comunicación con los espíritus, pero existen muchas otras formas.

Evocación: En la magia medieval, invocar a un «espíritu menor» o ente para que hiciera la voluntad de quien lo invocaba; para otros magos, significa atraer cualquier energía psíquica o espiritual particular desde dentro de su propia psiquis.

Faja: Véase «cordón» en «Tus herramientas rituales» en el capítulo 9.

Familiar: Una compañía animal entrenada para ayudar en los trabajos mágicos. Poco se sabe acerca de la función original de los familiares, aunque los inquisidores tenían sus propias ideas retorcidas. Hoy en día, la mayoría de los brujos tienen amigos animales o mascotas, pero pocos están entrenados como familiares. Véase «animales».

Formar el círculo: Creación psíquica de una esfera de energía alrededor del área donde se va a realizar el ritual, para concentrar y enfocar el poder obtenido y para mantener alejadas las influencias o distracciones no deseadas. El espacio encerrado existe fuera del espacio y tiempo ordinarios.

Fuego: El elemento correspondiente al Sur, al color rojo, la energía, la voluntad, la pasión, la determinación y la ambición.

Grimoire: Libro de hechizos y técnicas mágicas. Aunque algunos de los grimoires medievales parecen muy misteriosos y románticos, a menudo son simples alecciones de «recetas» mágicas, las cuales no son efectivas en las manos de cualquiera, excepto en las de un mago entrenado.

Guardar: Proteger mágicamente. También puede ser un objeto cargado (como una piedra), el cual es llenado con energía o poder protector para tener una visión e intentar desviar, protegiendo así con una apariencia de invisibilidad.

Hechicería: A menudo definida como el uso de la magia con propósitos negativos, posiblemente con la ayuda de, o controlada por «espíritus malignos». No es recomendable.

Hechicero: Un mago de sexo masculino.

Hechizo: Patrón o serie de palabras y/o acciones realizadas con intenciones mágicas; algunas veces es simplemente un conjuro hablado.

Herbolaria: Las hierbas pueden ser utilizadas en la curación de una forma muy directa y «mundana», a través del uso de infusiones, tinturas, emplastos y similares, o en un ritual mágico a través de sus correspondencias. Una razón por la que las «mujeres inteligentes» y «hombres astutos» herbolarios y curanderos de la antigua Europa fueron atacados por la Inquisición fue su competencia con los negocios médicos patriarcales nacientes.

Horas planetarias: Ciertas horas del día corresponden a cada planeta; pero tradicionalmente comienzan en diferentes momentos durante todo el año y varían en duración, dependiendo de la temporada, de forma que las personas neófitas en la magia sean aconsejadas para trabajar sus rituales en el día planetario apropiado y no se preocupen mucho por el perfeccionamiento de las horas planetarias.

I Ching: Tradición de adivinación china en la cual son lanzados y contados tallos de milhojas o monedas para formar figuras llamadas hexagramas; éstos son interpretados de acuerdo con el libro que lleva ese nombre.

Incensario: Véase «turíbulo» en «Tus herramientas rituales» en el capítulo 9.

Incienso: Véase «Tus herramientas rituales» en el capítulo 9.

Iniciación: Experiencia espiritual profunda en las que se realiza una unión con la Deidad y el universo; también, el ritual por medio del cual se celebra una experiencia de este tipo y/o alguien es aceptado como miembro de una tradición o grupo religioso particular.

Invocación: Llamar a un «espíritu superior», deidad o aspecto divino para que se manifieste; también es una oración invocatoria o conjuro.

Joyería: Pendientes especiales, anillos, brazaletes, gargantillas, collares, diademas, ligas u otras formas de joyería utilizadas a menudo por los magos, para simbolizar su senda espiritual, tótem o aspecto de Deidad seleccionado o para mantener una carga de energía o bien para servir de disparador para los estados alterados de la conciencia.

Lámparas de arte: Véase «Tus herramientas rituales» en el capítulo 9.

Lapicero de arte: Véase «Tus herramientas rituales» en el capítulo 9.

Ley de contagio: Principio mágico que establece que una vez un objeto ha sido parte de otro objeto, o incluso ha estado en contacto con éste, permanece ligado por cuerdas de energía y puede ser utilizado mágicamente para influenciarlo. *Véase* «liga» y «testigo».

Ley del retorno: Cualquiera que sea la energía que se envíe, regresa al emisor multiplicada (algunas tradiciones dicen que es multiplicada por tres, y por lo tanto llaman a este principio «la Ley triple»).

Libación: Vino u otra bebida, la cual es vertida ceremonialmente sobre la tierra, en señal de gratitud por las bendiciones del Dios o la Diosa. Con frecuencia se hace después de que el cáliz ha pasado por todo el círculo en el ritual.

Libro de sombras: Véase «Tus herramientas rituales» en el capítulo 9.

Liga objeto: Objeto alguna vez asociado con alguien o algo, que el mago desea influenciar físicamente y que todavía está conectado por una cuerda de energía. Llamado también «testigo».

Luna: Símbolo de la Diosa Triple (Doncella, Madre y Bruja) en la fe Wicca, y de los poderes femeninos de intuición y magia, y de los ciclos fisiológicos de la mujer, los cuales son armonizados para ella.

Luna llena: Fase en el ciclo lunar en la que la luna está en su máximo brillo y perfectamente redonda; punto alto del poder lunar cuando las brujas tradicionalmente se reúnen para trabajar la magia con fines de obtener curación o abundancia y para celebrar a la Diosa. En «La carga de la Diosa», Ella dice: "una vez cada mes y mejor si es cuando la luna está llena, reuníos y adoradme…"».

Luna creciente: Período durante el cual la parte visible de la luna crece de oscura a llena; un tiempo apropiado para los hechizos de crecimiento y aumento.

Luna menguante: Período durante el cual la parte visible de la luna disminuye de llena a oscura; es un tiempo apropiado para los hechizos de ahuyentamiento, liberación o purificación.

Llamar los Cuartos: Invitación a los espíritus del Aire, Fuego, Agua y Tierra (del Este, Sur, Oeste y Norte) para que asistan a un ritual y presten sus poderes para lograr el éxito de éste. Es un medio de comprometer plenamente la mente, la voluntad, las emociones y el cuerpo en el trabajo mágico.

Magia: Para las definiciones, *véase* el capítulo 1.

Magia ceremonial: Estilo de magia que incluye herramientas, ropa y decoraciones de templo más elaboradas y rituales un poco más complejos; generalmente, se refiere al sistema de magia occidental, ejemplificado por la Orden del Amanecer Dorado.

Magia compasiva: Magia que trabaja sobre el principio de que un objeto o ser puede ser afectado influenciando algo parecido en alguna forma o relacionado con éste. Por ejemplo, uno puede dibujar a su caballo saltando exitosamente una alta cerca, después cargarlo para ayudarle a que se convierta en un saltador más fuerte.

Magia hermética: Estilo de magia que logra resultados a través de la concentración mental y otros procesos internos, sin utilizar herramientas y atavíos rituales.

Magia natural: Magia que se concentra en los poderes divinos manifestados en la naturaleza; utiliza la energía de la Tierra, la Luna y el Sol; trabaja en cooperación con los espíritus de la Naturaleza o devas y utiliza principalmente herramientas simples como piedras, varas o conchas.

Media Luna: Símbolo lunar popular entre muchos Wicca y otros magos; la Diosa Luna rige la magia y simboliza los poderes de las mujeres. En muchas tradiciones de brujería, las altas sacerdotisas usan una media Luna en su diadema o banda para la cabeza.

Meditación: Forma enfocada y disciplinada de contemplación o reflexión en la que el practicante puede alterar el estado emocional, lograr su propia intuición o mezclar la conciencia con otro ser, objeto o proceso.

Mommet: Muñeca utilizada en el ritual de curación para representar un «paciente» femenino particularmente.

Necromancia: Comunicación con humanos descarnados, lo cual equivale a decir los espíritus de los muertos; tradicionalmente, Samhain (31 de octubre) es el mejor momento para hacerlo, ya que «el velo entre los mundos está en su punto más sutil».

Obtener poder: Atraer energía del ambiente (o energías específicas como la solar o la lunar) hacia el círculo y el aura, utilizando técnicas preparatorias como el tamborileo o el canturreo, antes de enviarla a un objetivo específico.

Oculto: Conocimiento o información que se supone está «escondida» a los ojos del entendimiento de cualquiera, excepto de los adeptos, refiriéndose normalmente a los principios o técnicas mágicos. De hecho, información que antes se consideraba «oculta» está ahora libremente disponible a cualquiera que se dedique lo suficiente a buscarla en los libros o de los profesores.

Ofrecimiento: Regalo a la Deidad o al aspecto divino particular, dado en agradecimiento por las bendiciones recibidas o esperadas. En las religiones neopaganas de hoy, esto puede incluir la quema de incienso, una libación de vino, trabajar por una causa meritoria o alimentar a los animales de vida silvestre, pero nunca sacrificios sangrientos.

Oscuridad de la Luna: Parte del ciclo lunar durante el cual la Luna no está visible en la Tierra. Según la tradición, es el mejor momento en el ciclo para la adivinación (proyección, tarot, lectura de caracteres, etc.).

Palabras de poder: Nombres de Deidad u otras invocaciones o conjuros que tienen un poderoso efecto si se entonan apropiadamente; pero se dice que cualquier cosa que se diga tiene efecto en el Yo Joven y en el mundo de nuestro alrededor; «todas las palabras son palabras de poder». Los magos inteligentes, por lo tanto, utilizan el lenguaje de manera precisa y cuidadosa.

Pentáculo: Véase «Tus herramientas rituales» en el capítulo 9.

Pentagrama: Figura en forma de estrella de cinco puntas de origen muy antiguo, utilizada mágicamente para bendiciones, protección y equilibrio. Las cinco puntas significan los cuatro elementos más el espíritu. Los brujos a menudo usan un pentagrama de plata dentro de un círculo, con una punta hacia arriba para simbolizar la guía del espíritu y el equilibrio de los elementos. También es llamado pentalpha, el «nudo sin fin» y otros nombres.

Piedra de mostrar: Una «bola de cristal» u otra piedra pulida utilizada para adivinación (*véase* «proyección»). Las esferas de cristal de cuarzo son comparativamente raras y costosas; pero las bolas de obsidiana e incluso las de cristal de vidrio labrado funcionan muy bien.

Pilar intermedio: Ejercicio en el que los chakras principales son iluminados consecutivamente, masajeados entonando nombres de deidades y purificados haciendo correr energía a través de ellos; también en la magia cabalística, el sephirot intermedio en el Árbol de la Vida.

Polaridad: La interacción de dos energías de diferente polaridad pueden generar enormes cantidades de poder mágico y esta idea es incorporada en la mayoría de las tradiciones Wicca, así como en la alquimia y otras filosofías mágicas. La polaridad femenina es la más comúnmente discutida, pero, por supuesto, existen otras como: fuego/agua, yin/yang, oscuridad/luz, etc.

Poppet: El equivalente masculino de «mommet».

Pranayama: Una serie de técnicas de respiración propia del yoga, las cuales son extremadamente útiles en el trabajo mágico, en la medida en que pueden alterar la conciencia, obtener poder, purificar el aura y mucho más.

Proyección: Arte de adivinación mirando en un espejo mágico, piedra de mostrar o en una taza de agua; las imágenes vistas con el «tercer ojo» o visión psíquica pueden esclarecer eventos o tendencias en tu vida.

Ritual: Serie de eventos planificados que llevan a la consecución del objetivo a través de medios mágicos. *Véase* «Crear y realizar el ritual», capítulo 10.

Sabbat: Uno de los ocho grandes días de fiesta de la religión Wicca, en el que se celebran temas (como nacimientos, fertilidad y muerte) relacionados con el cambio de estaciones. Tienen más de un nombre cada uno, pero un grupo es el siguiente: Yule, Imbolc, Ostara, Beltane, Litha, Lughnasad, Mabon y Samhain.

Sal: Como símbolo (y forma) de la Tierra, la sal es utilizada para propósitos de purificación durante el ritual; a menudo se mezcla con agua y se rocía sobre el área donde va a formarse el círculo. *Véase* «aspersor» en «Tus herramientas rituales» en el capítulo 9.

Sello: Diseño o símbolo que representa una energía específica (por ejemplo, un sello planetario) o ente (como un poder angélico).

Sello de Salomón: Símbolo o diseño protector, del que se dice fue original de Salomón; usualmente consiste de dos triángulos (ahora llamado Estrella de David) rodeados por el Tetragrammaton y otros símbolos.

Sol: No es simplemente la estrella que calienta e ilumina nuestro mundo, sino también símbolo de éxito, expansión, iluminación espiritual, curación y fuente poderosa de energía para la magia. En algunas religiones el Sol es personificado como una Diosa (Amaterasu Omikami, Arinna, Bast, etc.). Y en otras como un dios (Apolo, Helios, Ra).

Talismán: Un símbolo dibujado o un artículo construido, llevado, usado como joya o puesto en un lugar especial, el cual es cargado con una energía muy específica. Si la persona lo lleva, su energía ejerce en ella una influencia sutil; si se coloca en algún lugar, la emanación de su energía influencia en el medio ambiente cercano.

Tamborileo: Es utilizado para obtener poder con el fin de efectuar un hechizo o para cambiar la conciencia o un estado emocional.

Tarot: Herramienta de adivinación que consiste en una baraja de cartas (78 cartas en la baraja clásica) con escenas o imágenes poderosas que representan varios procesos de energía o condiciones espirituales. Se divide en cuatro palos (varas o bastos, discos u oros, copas y espadas) los cuales comprenden el arcano menor y otras 22 cartas, que componen el arcano mayor. Hoy en día existen muchos y variados diseños disponibles, algunos de los cuales están muy lejos de ser los diseños originales de los siglos xiv y xv.

Taumaturgia: «Magia inferior» utilizada para influenciar en las cosas y los eventos de la vida diaria: proteger tu casa, obtener un empleo, sanar tu resfriado, viajar con seguridad y cosas por el estilo.

Templo: Área reservada, y algunas veces decorada y equipada específicamente para llevar a cabo actividades religiosas o mágicas; también es cualquier área consagrada como espacio sagrado, sea o no considerada como tal.

Templo astral: Una invención conceptual de grupo en el plano astral, creada como un lugar sagrado a donde pueden ir los miembros de una logia o congregación en sus formas espirituales para descansar, curarse, aprender o comunicarse.

Testigo: Véase «liga objeto».

Tetragrammaton: Otra palabra que se refiere al nombre de cuatro letras sagradas de la Deidad judío-cristiana YHVH, anglicanizada más tarde como «Jehová». Algunas veces se utiliza en las tradiciones mágicas orientadas hacia el judaísmo o el cristianismo.

Teúrgia: «Magia superior» empleada para conectarse con la Deidad y alimentar el crecimiento espiritual.

Tierra: El elemento que corresponde al Norte, al cuerpo, al mundo material y a la base de las cosas; y a los colores negro, café, verde oliva o amarillo.

Tortas y vino: Después del trabajo mágico y antes de que se abra el círculo, los Wicca y algunos otros grupos comparten comida y bebida. Esta costumbre es en sacramento de agradecimiento por los regalos de la Madre Tierra, una forma de enterrar el exceso de energía psíquica y un momento para la socialización y el regocijo.

Turíbulo: Véase «Tus herramientas rituales» en el capítulo 9.

Vacío de curso lunar: Término astrológico que designa el intervalo en el que la Luna ha dejado un signo pero no ha hecho todavía su primera conjunción en el siguiente; según la tradición, no son buenos momentos para comenzar un trabajo o ritual o emprender un nuevo proyecto.

Varita: Véase «Tus herramientas rituales» en el capítulo 9.

Velas: Véase «Tus herramientas rituales» en el capítulo 9.

Vibraciones: Toda manifestación está formada por energía que vibra en varias longitudes de onda o frecuencias; un mago puede lograr cosas inusuales trabajando con frecuencias desconocidas o inadvertidas para la mayoría de las personas.

Vibrar nombres: Entonar los nombres de los aspectos de la Deidad como una forma de obtener energía o eliminar los bloqueos; parte del ejercicio del pilar intermedio.

Visión de luz estelar: Forma intuitiva, mágica y físicamente sensitiva de ver el mundo, en la cual los procesos, las cosas, los entes y las posibilidades no son vistas por la mente lógica o se ausentan cuando la realidad se hace evidente.

Visualización: Es importante poder visualizar una cosa u objetivo antes de trabajar la magia para ello, si se está trabajando por la forma; visualizarlo lo trae a la realidad en el plano astral y después la carga apropiada de la imagen hará que se manifieste en el plano material.

Wicca: Religión de la Tierra mágica y beneficente, la cual celebra la Inmanente Triple Diosa de la Luna y el Encornado Dios de la Naturaleza; también se conoce como religión antigua, francmasonería o brujería. Contrariamente a lo que señalan los estereotipos de los cuentos de hadas, no tiene nada que ver con la magia maligna ni con el satanismo, sino que se enfoca en el crecimiento espiritual y curativo.

Widdershins: En el sentido contrario al de las manecillas del reloj; la dirección en que un mago se mueve alrededor del círculo cuando desea despedir, remover o liberar la energía. *Véase* «deosil» para el término opuesto.

Colores para la magia

Las siguientes correspondencias de colores les serán familiares a muchos practicantes de la magia, pero tienes la libertad de escoger los colores que te parezcan más significativos y apropiados; incluso si no se adaptan a los que se dan aquí. Una vez hayas seleccionado tu color o colores para llevar a cabo un trabajo particular, puedes obtener velas, túnicas, cordones, colgaduras de pared o una tela para el altar del color apropiado.

Aquí están mis sugerencias:

* *Abstinencia o sobriedad:* púrpura, negro.
* *Amistad:* azul real, dorado, café dorado o tostado.
* *Amor:* rosado.
* *Confianza:* azul real.
* *Crecimiento espiritual:* violeta, púrpura o lavanda.
* *Curación o salud:* verde medio, rosado.
* *Dinero, prosperidad o riqueza:* dorado, verde esmeralda.
* *Esperanza:* azul cielo.
* *Éxito:* dorado, azul real.
* *Hogar (bendición):* rosado, dorado.
* *Hogar (nuevo):* anaranjado brillante, amarillo sol.
* *Hogar (purificación):* blanco, azul claro.
* *Niños o fertilidad:* verde, especialmente un verde primavera claro.
* *Paz interior:* azul claro, lavanda, blanco.
* *Protección (física):* azul.
* *Protección (psíquica):* plateado.
* *Regocijo:* arcoíris.
* *Valor:* rojo brillante.

Tabla de correspondencias

	Tierra	*Aire*
General	Cuerpo, naturaleza, comida, nacimiento, muerte, cuevas, campos, arboledas, montañas, silencio	Mente, imaginación, intelecto, conocimiento, teoría, respiración, cumbres, viento, torres
Dirección	Norte	Este
Colores	Negro, café, amarillo, oliva, cetrino, verde	Azul, blanco
Herramientas rituales	Pentaclo, taza de sal, piedras	Athame, espada o varita, incensario (turíbulo)
Sentido	Tacto	Olfato
Diosas	Gaia, Ceres, Deméter, Rhea, Perséfone	Aradia, Arianrhod, Cardea, Nuit, Urania, Iris
Dioses	Cernunnos, Pan, Dionisio, Tammuz	Mercurio, Thoth, Khepera, Enlil
Espíritus	Gnomos	Sílfides
Ángel	Uriel	Rafael

Fuego	Agua	Espíritu
Energía, voluntad, vitalidad, propósito, purificación, sangre, Sol, desiertos	Emoción, amor, intuición, útero, fertilidad, Luna, océano, mareas, ríos	Inmanencia, trascendencia, trasformación, todos los sitios, ninguna parte, el vacío
Sur	Oeste	Centro y circunferencia en todo y alrededor
Rojo, dorado, anaranjado, blanco	Verde, azulverdoso, índigo	Trasparente, blanco, negro
Varita, espada o athame; velas	Cáliz, taza	Caldero
Vista	Gusto	Oído
Brígida, Vesta, Hertha, Bast, Sekhmet, Pele	Afrodita, Tiamat, Mari	Isis, Shekinah, Cerridwen
Hephaestus, Vulcano, Horus, Ra, Agni, Ea, Llyr	Neptuno, Poseidón, Dylan, Manannan	Iao, Akasha, YHVH
Salamandras	Ondinas	Ángeles
Miguel	Gabriel	—

	Tierra	*Aire*
Signos de zodíaco	Tauro, Virgo, Capricornio	Géminis, Libra, Acuario
Estación	Invierno	Primavera
Tiempo del día	Medianoche	Anochecer
Viento	Bóreas	Eurus
Animales	Vaca, toro, bisonte, serpientes, venado	Aves, especialmente águilas y halcones
Plantas	Hiedra, consuelda, pasto, granos (maíz, trigo, etc.)	Verbena, milhojas, bellorita, violeta, incienso, mirra
Árbol	Roble	Álamo temblón
Piedras o joyas	Sal, granito, piedra bendita, jaspe	Topacio, zafiro, lapislázuli
Incienso	Estoraque	Gálbano

Adaptada de *The Spiral Dance (La danza en espiral)* de Starhawk, pero con

Fuego	Agua	Espíritu
Aries, Leo, Sagitario	Cáncer, Escorpión, Piscis	Arachne
Verano	Otoño	La Rueda giratoria
Mediodía	Crepúsculo	—
Notus	Céfiro	—
Dragones, leones, caballos	Serpientes de mar, delfines, peces, focas, aves de mar	Esfinge, unicornio, y todas las bestias mitológicas
Ajo, pimentones, cebollas, mostaza	Helecho, loto, alga marina, lirios acuáticos, musgo, junco	Muérdago
Almendro florecido	Sauce	Fresno
Ópalo fuego, ágata, fuego, rubí, obsidiana	Aguamarina, perla, adularia, guijarros de río	Diamante, cristal de cuarzo
Olíbano	Mirra	Incienso

algunas modificaciones.

Acerca de la autora

Amber K es una gran sacerdotisa de la iglesia wicana. Se inició en el Temple of The Pagan Way, en Chicago, Illinois y allí sirvió en el Consejo de Ancianos. Ha desempeñado el cargo de Primer Oficial Nacional durante tres períodos en The Covenant of the Goddess, y es miembro fundadora de Our Lady of The Woods y de The Ladywood Tradition of Wicca. Ha trabajado con varias organizaciones neopaganas y, actualmente, ejerce como directora ejecutiva de Ardantane, una escuela wicano-pagana sin ánimo de lucro. Sus libros sobre magia son muy conocidos en Estados Unidos, y durante los últimos 25 años ha viajado por numerosos estados norteamericanos enseñando magia wicana.

Índice

La solución de muchas preocupaciones y problemas está al alcance de tu mano y en tu mismo hogar. Esta solución hace tiempo la conocían sólo las antiguas hechiceras, que dominaban los secretos de la naturaleza y sus energías, pero ahora, gracias a este libro, tú también podrás utilizar los hechizos y rituales más eficaces. Este pequeño manual es la herramienta perfecta para aprender a trabajar con las energías sutiles y la magia blanca. ¡Recupera tu poder y actúa activamente sobre tu destino!

LA MAGIA
de las
PIEDRAS
y los
CRISTALES

Migene González-Wippler

Las *piedras* y los *cristales* tienen grandes propiedades energéticas que ayudan en la meditación, la sanación e incluso la magia debido a que liberan poderosas energías positivas. Este fabuloso libro, que regresa por tercera vez en una nueva versión gracias a la gran aceptación obtenida, revela las grandes cualidades del reino mineral y cómo éste puede beneficiar nuestra vida.

Se trata de una guía completa en la que la autora te revelará todo lo que necesitas saber acerca de las propiedades benéficas que pueden obtenerse del reino mineral.

Revuelve tu café o té matutino en el sentido contrario al de las manecillas del reloj para reducir la negatividad, o hazlo a favor de éste para comenzar tu día con una energía positiva y potenciadora… Espolvorea tus zapatos con la carismática canela antes de salir de casa… Cultiva lavanda en una maceta sobre tu escritorio para propiciar la paz… Coloca una hoja de laurel debajo de cada pata de la fotocopiadora de tu oficina para que funcione bien.

Éstos son sólo algunos de los consejos que podrás encontrar en este pequeño manual, todos ellos ideados para proporcionarte felicidad y éxito en el hogar, en la oficina o mientras conduces.

Estos encantamientos, hechizos, platos, rituales y filtros mágicos, fáciles de realizar, te deleitarán y sorprenderán, y te darán e placer de usar el poder de tu propia Diosa interior dondequiera que vayas.

¡Consejos mágicos para lograr fortuna!

¿Estás cansado de vivir sin llegar a final de mes? ¿Desearías que te alcanzara el dinero para comprar la casa de tus sueños? ¿Buscas mejorar la suerte en tus inversiones? ¡No hay nada mejor que un poco de magia para atraer mayor prosperidad a tu vida!

- Prepara inciensos, aceites y polvos para la prosperidad.
- Manifiesta tus deseos a través del *Cordón de Oro…*
- Atrae el bienestar a tu hogar con el *Lavado de Suelos para la Prosperidad…*
- Haz desaparecer tus deudas construyendo una *Caja Mágica para las cuentas…*
- Invoca los *Cuatro elementos* para obtener ayuda financiera.

Este libro está dedicado a todas aquellas personas preocupadas por su economía y que suelen utilizar frases como «yo no puedo darme ese gusto».

Con *Hechizos para la protección*, lograrás reunir el poder para reactivar tu energía, restaurar la confianza en ti mismo y lograr un mayor sentido de tu propia valía. A través de útiles consejos, desarrollarás un plan de acción espiritual que te convertirá en un verdadero triunfador o triunfadora.

• Aprende el alcance de una aplicación mágica, la sincronización, la aplicación de las energías y cómo llevar a cabo un plan espiritual.

• Descubre la magia de prevención personal, cómo repeler los desastres y los baños de protección.

• Lleva a cabo los hechizos del Pañuelo y el Amuleto de la cuerda, el hechizo de la Cinta Negra y diversos hechizos para eliminar los chismes, la miseria y acabar con las pesadillas.

En esta obra se incluyen las claves para lograr seguridad así como las correspondencias herbales, astrológicas y de los colores para fortalecer la magia. Protégete a ti mismo y a tu familia, y vive una vida llena de plenitud.